Les grands moments de la Vie Paysanne

La Bourreio d'Aubergno *ou bourrée d'Auvergne, carte postale datant de 1906.*
La bourrée ne désigne pas seulement une danse folklorique, mais aussi l'air sur lequel on l'exécute. Un très grand nombre de bourrées étaient chantées en occitan auvergnat. C'était le violon qui donnait le tempo, rythmé par le claquement des sabots de bois des danseurs.

La mémoire du temps

Les grands moments de la Vie Paysanne

Bernard Briais

De Borée

Cet ouvrage a été réalisé par Concept-Image Associés
Production : Jean-Paul Paireault
Édition : Laurence Bulle

Imprimé en U.E en août 2008
Dépôt légal : septembre 2008
ISBN 978-2-84494-829-8

Kodak

SOMMAIRE

FRANCE
62
TIRAGE AU SORT

2. EN BRETAGNE
Environs d'AURAY - Noce Bretonne

INTRODUCTION

En un temps où les générations cohabitaient, grand-mère gardait les plus petits pendant que les parents travaillaient aux champs.

Ci-contre, deux cartes postales datant d'octobre 1907, adressées à un élève de l'école d'agriculture de Boves (Somme). Le labourage (en haut) et les semailles (en bas), activités agraires traitées ici avec humour, n'ont pourtant rien d'un jeu d'enfant. En ce début de XXe siècle, il faut peupler les campagnes de France, ces chérubins laborieux feront les bons paysans de demain.

Depuis des siècles, les paysans français ont traversé la vie discrètement, au rythme naturel des saisons, à l'unisson avec la terre qu'ils travaillaient, en harmonie avec la nature qui les entourait. Ils allaient, jour après jour, du pas lent et régulier du laboureur derrière sa charrue, sans hâte excessive, sans précipitation inutile. Ils traçaient leur chemin comme on creuse un sillon. Un simple sillon, droit, banal, anonyme, semblable à tous ces autres sillons qui se côtoient dans le grand champ de l'humanité... mais un sillon fécond, porteur de récoltes !

Oui, pour les paysans du Limousin ou des Flandres, des marches de Bretagne ou du piémont pyrénéen, les mois succédaient aux mois, les années aux années, et la vie s'écoulait immuable, de labours en fenaisons et de semailles en moissons, avant que ne vienne, pour eux, l'heure de passer le témoin à la génération suivante. Ils partaient alors sans regret, avec sérénité, satisfaits d'avoir accompli leurs devoirs ici-bas, conscients d'avoir participé à l'ordre éternel des champs.

Des existences sans histoire donc, qui se déroulaient de manière uniforme du berceau à la tombe, sous l'œil très vigilant de l'Église.

RÉPUBLIQUE FRANÇAISE
5
POSTES
1. Le Labourage.

2. Les Semailles
RÉPUBLIQUE FRANÇAISE
5
POSTES

Car la religion chrétienne influençait fortement le comportement de la plupart des hommes et des femmes, jusque dans leur vie privée et leur intimité. Le prêtre, le jour des noces, ne signifiait-il pas au nouveau couple que le but du mariage était la procréation, ce que rappelait clairement en 1930 le pape Pie XI dans l'encyclique *Casti Communi* : « *Même avec la femme légitime, l'acte conjugal devient illicite et honteux dès lors que la conception des enfants y est évitée.* »

L'Église, présente dès la naissance par le baptême qui introduisait le nouveau-né dans la communauté paroissiale, était encore là à l'ultime moment, au chevet des moribonds, pour leur administrer les derniers sacrements, les aider à « bien » mourir et à partir rassurés pour l' « autre » monde !

La Troisième République, en créant en 1882 l'obligation scolaire, va tenter, non sans mal, d'enlever au clergé le monopole de la formation morale des petits Français et essayer de leur inculquer ses propres valeurs, laïques celles-là.

De même, le service militaire, lui aussi obligatoire, éloignera, pour un temps assez long, les jeunes hommes du clocher de leur village et de l'influence du curé de leur paroisse.

Baptêmes, rentrées scolaires, communions solennelles, certificat d'études, service militaire, mariages, deuils : souvenirs émouvants d'un monde rural depuis longtemps révolu. Un univers couleur sépia, dans lequel nous replongent les récits d'écrivains illustres comme George Sand, Eugène Le Roy ou, plus près de nous, Pierre Jackez Hélias. Ils nous sont aussi suggérés par ces clichés jaunis retrouvés par hasard dans le tiroir d'une commode ou pieusement rangés dans une vieille malle oubliée au fond d'un grenier. Comme elles semblent nous interpeller, ces photos d'enfants ou d'adultes posant pour la postérité, l'air sérieux, devant l'appareil d'un photographe venu de la ville ! Que taisent donc ces lèvres closes, ces sourires forcés, ces regards figés ?

Derrière ces visages d'hommes et de femmes, paysans d'ici ou de là-bas, ce sont nos propres ancêtres que nous avons soudain l'impression de retrouver, nos aïeux communs ; si bien qu'en tournant les pages de ce livre, c'est un peu l'album de famille de chacun d'entre nous que nous feuilletons !

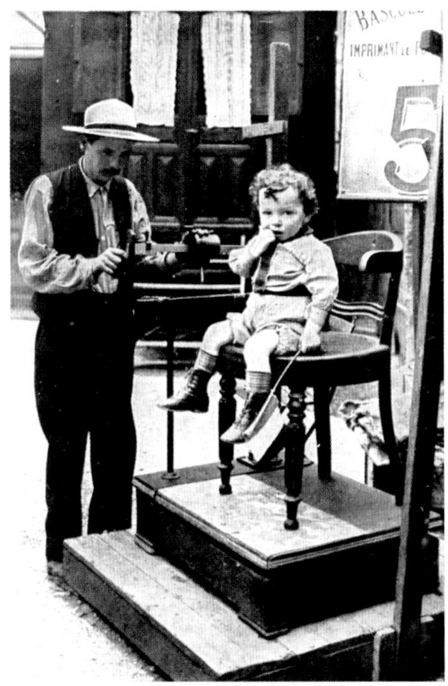

A la fête foraine, le photographe proposait ses services en plein air. Ici, le petit garçon inquiet attend sagement le déclic. Carte postale datant des années 1900.

Charles-Joseph Grips (1825-1920), La petite sœur, *1859. Huile sur bois.*
Musée des Beaux-Arts, Dole (Jura).

Noce en Touraine :
Léa et Henri,
mariés le 28 novembre 1922.
Après les années cruelles
de la Grande guerre,
bienheureuse celle
qui trouvait un mari.
Il devait commencer à faire
froid : certaines portent
un « renard » autour
du cou. Les « anciennes »
ont mis la coiffe tourangelle.
Les enfants sont chaussés
de bottines lacées.

LA NAISSANCE

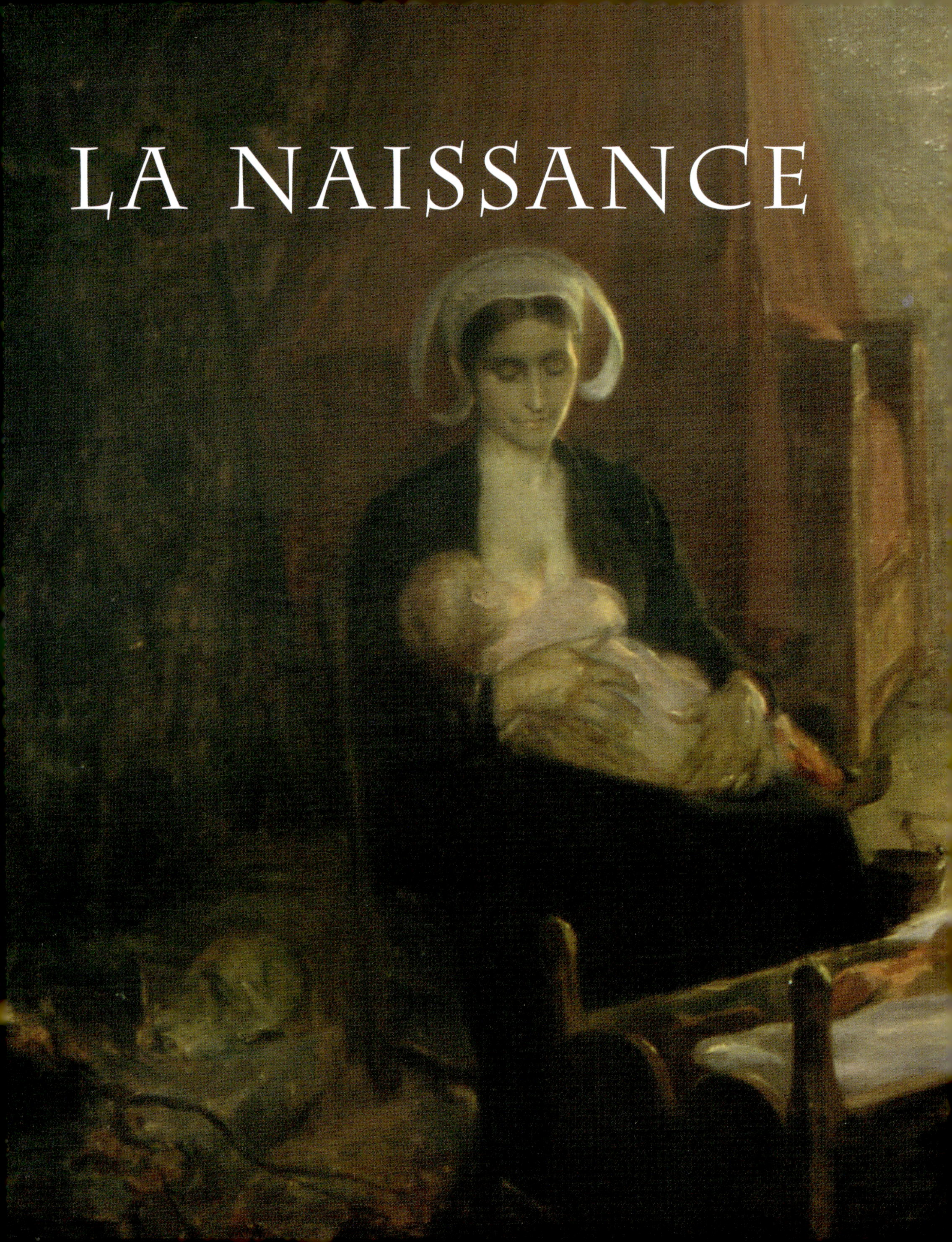

« CROISSEZ ET MULTIPLIEZ »

Tous les conseils sont bons pour que les jeunes mariés se donnent une généreuse descendance. En 1906, la pudeur recommande cette recette « de pot-au-feu pour jeune ménage » pour engendrer une famille.

Page ci-contre, les bébés naissent, comme chacun sait, dans les choux. Dans le folklore, le chou est un symbole de fécondité, tout comme la rose, réservée aux filles.

La sainte Bible l'ordonnait ! Et, le jour des noces, les curés, dans leurs sermons, ne manquaient pas de le rappeler aux futurs époux : le but principal du mariage chrétien devait être la procréation. Le pape Pie XI lui-même, dans une encyclique de 1930, répétait que « *l'acte du mariage était destiné à la génération des enfants* ».

Avoir des descendants c'était, pour le couple, l'assurance de perpétuer la lignée, d'assurer la survivance du nom, la satisfaction de constater que les maigres biens difficilement acquis pendant toute une vie de labeur allaient rester dans la famille. La certitude aussi, lorsque viendrait la vieillesse, à une époque où les retraites agricoles n'existaient pas, que l'on ne se retrouverait pas abandonné et que, plus tard, le culte des morts serait assuré.

Dans la très catholique Bretagne, l'enfant était considéré comme un véritable don du ciel et une nombreuse progéniture était reçue comme une grâce divine. En 1900, la province enregistrait le plus fort taux de fécondité de tout le pays avec une moyenne de 3,3 enfants par femme (moyenne française : 2,6) : « Les grandes familles constituent la richesse des pauvres gens », avait-on l'habitude de dire dans ces régions de l'Ouest.

Félicitations.
Jeanne

Aussi, dans les campagnes, les naissances se succédaient-elles à un rythme soutenu, la première intervenant dans les deux années suivant le mariage, et les autres tous les deux ou trois ans, jusqu'à ce que la mère atteigne la quarantaine ou que l'un des conjoints décède. Au début du XXe siècle encore, les villages dans lesquels on trouvait des familles comptant plus de quinze enfants étaient nombreux !

Dans le monde rural, un couple sans enfant apparaissait comme hors norme, donc suspect, et pouvait susciter moqueries et sous-entendus. La stérilité, presque systématiquement imputée à la femme, passait aux yeux de certains pour une sorte de honte, le résultat d'une malédiction pesant sur le couple, peut-être l'effet d'un sort jeté par quelque sorcier malveillant.

Dans une partie du Bassin parisien, les jeunes gens qui se mariaient redoutaient par-dessus tout d'être les victimes d'un « noueur d'aiguillettes », une espèce de sorcier, envoyé tout spécialement ce jour-là par un amoureux éconduit ou une voisine jalouse. Pendant la cérémonie, ce jeteur de sort se glissait dans le fond de l'église, dissimulant sous sa veste la corde qu'il portait autour de la taille. Au moment où le prêtre lisait l'Évangile, il prenait les deux bouts de sa corde et s'empressait de faire un maximum de nœuds : autant de nœuds, autant de jours ou d'années pendant lesquels les nouveaux époux ne pourraient pas consommer leur union ! Heureusement, les mariés savaient généralement comment contrer le maléfice : il suffisait que le jeune homme, pendant la lecture de l'Évangile, mette le pied sur la traîne de la robe de sa future femme ; inutile de préciser que, malgré l'émotion, aucun marié n'oubliait ce rite si important pour son couple.

Naissance d'un enfant à la campagne, *région de Phalsbourg (Moselle), au* XIXe *siècle. Gravure de Théophile Schuler, illustrant* Le Blocus, *Erckmann-Chatrian, éditions Hetzel, 1873.*

Pour tenter d'avoir une descendance, les femmes qui ne pouvaient procréer n'hésitaient pas à avoir recours aux pratiques les plus diverses et, parfois, les plus inattendues. Avant tout, dans un univers encore fortement imprégné de religion, on demandait l'aide des « bons » saints et d'abord celle de la Vierge, la mère par excellence ; mais on sollicitait aussi sainte Anne ou sainte Marguerite. En Provence, les couples inféconds ne manquaient pas de se rendre à la grotte de Marie-Madeleine à Saint-Maximin-la-Sainte-Baume (Var). En cours de route, ils s'arrêtaient pour édifier un petit monticule en pierre, le « castelet », censé représenter un sexe masculin en érection.

De nombreux saints locaux étaient également sollicités. Au Blanc, dans le Berry, les femmes passaient le doigt à travers le trou percé dans le portail de l'église dédiée à Saint-Genitour (devenu dans la pensée populaire « saint géniteur »).

À Bourbon-l'Archambaud (Allier), les femmes stériles appelaient à la rescousse un certain saint Greluchon : elles venaient racler sa statue et avalaient la poussière de pierre ainsi récoltée dans du vin blanc.

On pourrait aussi citer saint Faustin en Périgord, ou saint Foutin à Varages dans le Var dont le phallus en bois recouvert de cuir était l'objet d'une vénération très « particulière » de la part des femmes en mal d'enfant....

Les eaux de nombreuses fontaines avaient, croyait-on, le pouvoir de guérir la stérilité : la fontaine de Saint-Laurent en Charente, de Michavant dans le Cher (commune de Parassy), la fontaine de Passy, près de Paris. Souvenirs, peut-être, de l'époque gallo-romaine où nombre de ces fontaines étaient consacrées aux déesses-mères.

Tout en condamnant ce qu'elle considérait comme d'obscures superstitions, l'Église avait récupéré ces antiques croyances, en se contentant de remplacer les anciennes divinités par des saints et des saintes plus « catholiques ».

Certaines femmes n'hésitaient pas à recourir à des pratiques païennes. À Aix, les couples désireux d'avoir une descendance dansaient autour d'un vénérable olivier (symbole de fécondité dans l'Antiquité). Au cours de leur danse, ils devaient, à trois reprises, frapper le tronc de l'arbre avec leur postérieur. À Collioure, sur le « chemin des amoureux », les femmes venaient en toute discrétion frotter leur ventre sur les racines d'un vieux châtaignier.

Les grandes pierres dressées, devenues symboles phalliques, passaient également pour avoir des pouvoirs fécondants : que ce soit le menhir de Kerampeulven à Berrien (Finistère) ou les deux menhirs situés à l'ouest de Ploërmel (Morbihan). Les femmes appuyaient leur ventre contre la pierre « miraculeuse ». Tous les moyens étaient bons pour tenter de vaincre la stérilité !

Bien que cette carte postale indique Lacronan, il s'agit bien de Locronan (Finistère).

L'ar gazeg ven (la jument de pierre) est un rocher creusé d'une cavité. Les paysannes bretonnes en mal d'enfant devaient y coucher trois nuits consécutives pour espérer voir leur vœu exaucé.

En Bretagne, nombreux sont les menhirs contre lesquels les jeunes femmes pratiquaient des rituels aux pouvoirs censément fécondants. Le clergé n'eut de cesse de les décourager, sans toutefois y parvenir, car ces pratiques étaient la survivance de croyances et superstitions remontant sans doute aux temps druidiques.

Ar groareg houarn, *« la femme de fer »* *ou* **Groah Hoart** *« la vieille gardienne », cette statue était l'objet d'un culte païen lié à la fécondité, de la part des paysans de Quinipily (Morbihan).*

Dans une société dominée par les hommes, avoir un garçon devenait presque une nécessité. Il fallait un héritier mâle pour garder le patronyme et succéder aux parents sur le domaine car les filles, en se mariant, quittaient bien souvent la maison natale pour rejoindre celle leur belle-famille.

Aussi, là encore, toutes sortes de recettes, répétées de génération en génération, ou colportées par les almanachs, étaient censées déterminer à l'avance le sexe du futur nouveau-né. En Touraine, par exemple, le couple qui désirait un garçon devait le concevoir en période de lune montante ou bien quand le vent était « haut » (soufflait du nord ou du nord-est). Auparavant, il était très recommandé au futur père de bien se préparer en mangeant quantité de cervelle de bœuf ou de mouton, et à la future mère de porter en permanence sur elle une « champlure » dont l'aspect rappelait, bien entendu, le petit « robinet » d'un garçon.

Si le ventre de la future mère était pointu, les femmes du village lui prédisaient l'arrivée d'une fille ; s'il était arrondi, c'était, selon elles, le signe évident qu'elle attendait un garçon ! Chaque région, chaque village même, avait ses méthodes de prédictions qui, de toute façon, s'avéraient exactes une fois sur deux.

« Cherchez dans les choux le garçon », « Sous les roses trouvez la fille », cartes postales datant de 1905.
Les heureux parents découvrent leur bébé, cela paraît si simple, au cœur d'une généreuse nature.

Une famille alsacienne, réunie autour d'un nouveau-né, fête la naissance en costumes traditionnels. Le bébé est confortablement couché dans son berceau à bascule, ses vêtements sèchent dans l'unique pièce de cet intérieur campagnard. Carte postale datant du début du XIXe siècle.

Ci-dessus, ce faire-part annonçant la naissance du petit Roger, né le 6 janvier 1905, semble livrer un beau bébé dans un joli panier garni de roses.

En 1959, William annonce pudiquement son arrivée sur un faire-part illustré d'un chou.

« TU ENFANTERAS DANS LA DOULEUR »

Chaise d'accouchement datant de 1837, fabriquée pour une sage-femme alsacienne, avec accoudoirs démontables et dossier repliable. Elle pouvait ainsi être aisément transportée par la sage-femme.
Pendant le travail, la mère était assise. La sage-femme placée devant elle, l'encourageait et la guidait.
Musée Alsacien de Strasbourg.

Pendant sa grossesse, la femme enceinte continuait de vaquer à ses occupations habituelles : il fallait bien traire les vaches, aller chercher l'eau au puits, faire la cuisine, la lessive, s'occuper des aînés et, en particulier, du petit dernier qui marchait à peine. Il arrivait que les premières douleurs, annonciatrices d'un accouchement proche, surprennent la future mère aux champs.

L'accouchement se passait à la maison, dans la chambre, sur le lit conjugal. C'était essentiellement une affaire de femmes. Les hommes, mal à l'aise dans ces moments-là, préféraient se réfugier dans la grange ou dans l'écurie, en attendant le dénouement. Quant aux enfants, ils avaient été expédiés chez des cousins ou dans une famille amie. Le médecin intervenait rarement ou, prévenu au dernier moment, il n'arrivait bien souvent que trop tard. Généralement, une sage-femme se chargeait de tout, aidée par la belle-mère ou les voisines qui préparaient le linge, les bassins, faisaient bouillir l'eau dans l'âtre, confectionnaient des tisanes pour calmer la parturiente. Dans certaines contrées, la femme n'accouchait pas dans un lit mais assise devant la cheminée, seule source de chaleur.

Pour l'Église, les femmes devaient supporter cette épreuve dans la douleur, avec résignation, car elle résultait d'un acte impur, la conception. Un péché auquel avait

La ceinture de la sainte Vierge, Notre-Dame de Loches (Indre-et-Loire). On prêtait à cette relique le pouvoir d'aider les femmes sur le point de mettre leur enfant au monde. Elle était exposée au public le 15 août et le 8 septembre.

échappé la Vierge, mère du Christ, le pape Pie IX ayant promulgué en 1854 le dogme de l'Immaculée Conception.

C'est pourquoi dans ce moment crucial, lourd de risques pour la mère et pour l'enfant, bien des femmes imploraient le secours et la protection de Marie : des prières à la Vierge, écrites sur des feuilles de papier, ou des médailles bénies étaient épinglées sur les draps ou sur la chemise. Dans plusieurs régions, au moment d'accoucher, les futures mères se passaient autour du corps un long ruban de coton ou de soie moirée. Ces bandes d'étoffe, bénies par les prêtres, avaient été mises en contact avec les « ceintures » de la Vierge que se vantaient de posséder Notre-Dame du Puy-en-Velay, comme Notre-Dame-de-la-Délivrance à Quintin en Bretagne, ou encore l'église Notre-Dame de Loches, où ce ruban était donné aux jeunes filles à l'occasion de leur première communion .

Pour conjurer le mauvais sort, bien des paysannes faisaient appel à des pratiques moins catholiques : certaines entouraient leur corps d'une mue de serpent ; d'autres se procuraient auprès de colporteurs des « sachets d'accouchées » remplis de mystérieuses poudres ; en Indre-et-Loire, dans la commune d'Esvres, un « sorcier-guérisseur » avait la réputation de supprimer les douleurs de l'enfantement grâce à des infusions de sa composition.

L'accoucheuse coupait le cordon ombilical, très court s'il s'agissait d'une fille, plus long pour un garçon. On s'empressait de l'enterrer, sous un rosier de préférence (signe de bonheur), afin qu'aucune bête ne le dévore, ce qui aurait assombri le destin du bébé. Dans les pays viticoles, quelques gouttes de vin sur les lèvres du nouveau-né étaient censées lui assurer une vigoureuse constitution.

Les naissances n'étaient pas réparties de façon régulière tout au long de l'année. Le maximum se situait généralement de janvier à avril, ce qui correspondait à des conceptions estivales. Le pic observé au mois de mars s'expliquait par le fait que la plus grande partie des mariages avait lieu en juin-juillet, neuf mois plus tôt. Les mois d'hiver semblaient moins propices aux conceptions, malgré les nuits plus longues et le ralentissement des travaux agricoles.

NAISSANCES À HAUTS RISQUES

Dans tous les villages de France, il existe un carré rassemblant les tombes d'enfants. Généralement surmontées d'un ange, elles sont reconnaissables entre toutes.

Mettre un enfant au monde présentait des risques, aussi bien pour l'enfant que pour la mère elle-même : hygiène insuffisante, ignorance, environnement malsain, absence de suivi médical, naissances trop rapprochées, manque de repos, etc. Un nombre non négligeable d'accouchements se présentaient mal et, lorsque la survie du nouveau-né paraissait compromise, on n'hésitait pas à procéder sans tarder à son ondoiement, sorte de baptême simplifié destiné à sauver à tout prix l'âme du petit être qui venait d'arriver au monde en la lavant du péché originel, faute de quoi les portes du paradis lui seraient à tout jamais interdites.

Pour les enfants mort-nés, que l'on n'avait pas eu le temps d'ondoyer, l'Église avait inventé un lieu d'éternité original : les limbes, une zone mal définie entre enfer et paradis. Là, les âmes de ces malheureux ne connaîtraient pas les affres de l'enfer mais ne bénéficieraient pas non plus de la joie éternelle puisqu'ils y seraient privés de la vue de Dieu, bonheur suprême du chrétien.

Dans certaines provinces, sitôt le décès constaté, le père, accompagné de sa famille ou d'amis, se précipitait vers le « sanctuaire à répit » le plus proche. Il s'agissait d'une église ou d'une chapelle dans laquelle, croyait-on, les enfants pouvaient ressusciter quelques instants, le temps, pour le prêtre

Une émouvante tombe d'enfant, 1912, dans un petit cimetière de campagne.

L'eau de la fontaine sacrée de Forest-Fouesnant (Finistère) « donne de la force aux reins des petits ».

présent, de les baptiser. Le petit corps était déposé dans le chœur, devant l'autel, et tous les assistants se mettaient en prières, implorant la Vierge Marie, et guettant l'apparition du moindre signe de vie. Et le « miracle » se produisait assez souvent, si l'on en croit les registres paroissiaux de certains de ces sanctuaires. Il y avait toujours une personne persuadée d'avoir vu un membre bouger, une légère rougeur apparaître sur les joues de l'enfant, une paupière s'entrebâiller... Alors, le prêtre acceptait de lui donner le baptême, mais « sous condition », utilisant une formule qui ne l'engageait pas vraiment : « Enfant, si tu es digne du baptême, je te baptise, au nom du Père, du Fils et du Saint-Esprit. »

Cette curieuse pratique, bien que condamnée par le pape Benoît XV dès le milieu du XVIIIe siècle, se perpétua en certains endroits jusqu'à la Seconde Guerre mondiale. À cette époque, la mortalité infantile (parmi les enfants de moins d'un an) avait fortement baissé. Alors qu'à la veille de la Révolution la mort frappait un enfant sur quatre dans sa première année, elle n'en frappait plus qu'un sur six en 1850, un sur huit vers 1910, puis un sur vingt en 1950. Conditions d'accouchement sans cesse améliorées, progrès de l'hygiène, vaccination contre la variole (une des principales menaces pour les nourrissons) : autant de facteurs luttant efficacement contre les décès d'enfants en bas âge.

LES ENFANTS DU PÉCHÉ

Raymond Bonheur (1796-1849), L'Abandon, *1826. Huile sur toile. Musée des Beaux-Arts, Bordeaux (Gironde).*

Ci-contre : Charles-François Marchal (1825-1877), Le Dernier Baiser, *1858. Huile sur toile. Musée des Arts et de l'Enfance, Fécamp (Seine-Maritime).*

Pour celles qui n'avaient pu éviter de porter le fruit du pêché jusqu'à son terme et qui, toutefois, ne voulaient pas ôter la vie d'un enfant, qu'en d'autres circonstances elles auraient pu élever, restait encore la solution de l'abandon.

Dès le XVIIe siècle, l'abandon des enfants constitua un véritable fléau dont la progression était due à la misère, mais aussi au développement des naissances illégitimes liées à la liberté des mœurs. Le nombre d'enfants abandonnés avait progressé de façon spectaculaire et inquiétante. La pratique la plus courante consistait à « exposer » son enfant dans un lieu public, souvent sous un porche d'église.

Vers 1800, les premiers tours d'abandon apparurent. Il s'agissait d'un guichet tournant installé dans la façade des hospices. Ce cylindre pivotait sur un axe ouvert d'un côté. Le côté fermé faisait face à la rue, une cloche extérieure au mur pour avertir la garde. Le cylindre était alors manœuvré et présentait le côté ouvert à l'extérieur. L'enfant était déposé et l'enfant pris en charge par la garde. Ce système permettait aux parents de déposer leur enfant dans l'anonymat et en toute sécurité. Ils laissaient parfois dans les langes des nouveau-nés des signes de reconnaissance gardant l'espoir de leur identification, voire d'une future restitution.

Charles Marchal
1858

Le décret impérial du 19 janvier 1811 officialisa l'usage du tour d'abandon, mais il a été supprimé depuis 1863 et remplacé par un bureau des admissions. Quand une mère venait pour abandonner son enfant, l'employé lui offrait un secours en argent ou en nature (nourrices, layettes). Aussitôt reçu, l'enfant était inscrit sur le registre des arrivants, puis immatriculé. Ce numéro d'ordre était mentionné sur le livret de l'enfant et gravé sur une petite médaille suspendue à un collier en os qu'il devait porter à son cou jusqu'à sa sixième année révolue.

Les registres devaient porter les indications suivantes : sexe de l'enfant, âge présumé, heure et jour du dépôt, localité, nom de la nourrice et de son mari, localité de la nourrice, destin !

L'Église était formelle, et les confesseurs ne manquaient pas de le répéter à leurs ouailles des deux sexes : toute forme de contraception constituait un manquement aux lois de Dieu et donc, un grave péché ! Pour l'institution religieuse, le seul moyen autorisé pour éviter les naissances non voulues restait la continence, l'abstention volontaire de tout plaisir charnel ! Le clergé dénonçait avec véhémence les « funestes secrets », ces moyens empiriques d'éviter les grossesses que certaines femmes se répétaient discrètement au lavoir ou en revenant des champs et qui, petit à petit, se propageaient dans les campagnes. Pour leur part, au cours du service militaire, les hommes avaient appris certaines « recettes » qui permettaient de prendre du bon temps sans

H. Pottin (XIXe *siècle*), Enfants trouvés : le tour extérieur et intérieur. *Gravure. Musée Flaubert et d'Histoire de la Médecine, Rouen (Seine-Maritime).*

risquer une conception. Mais, s'ils prenaient quelques précautions avec leur épouse afin d'éviter une trop nombreuse progéniture, certains paysans étaient moins prudents lorsqu'il s'agissait d'une jeune femme employée à leur service.

Combien de filles de ferme furent ainsi « engrossées » par un maître trop entreprenant qui, comble de cynisme, lorsque la « faute » devenait visible, chassait la malheureuse victime sans le moindre remord, avec l'assentiment de la justice.

En effet, un jugement de la Cour de Cassation, de 1896, expliquait clairement qu' « à aucun point de vue, on ne saurait considérer un maître comme tenu de garder à son service une femme enceinte, soit que l'on envisage l'immoralité de sa conduite, le mauvais exemple dans la maison ou les graves inconvénients de l'accouchement. »

Aucune pitié pour la fille abusée : à elle la honte, le déshonneur, les lendemains incertains. Elle allait grossir le rang de celles qu'on appelait les « filles-mères » avec mépris, condamnées bien souvent au célibat, rejetées par la société et parfois par leur propre famille, et qui partaient cacher leur état dans l'anonymat d'une grande ville où elles mettraient au monde un enfant qualifié d'illégitime ou de bâtard, lui aussi marqué dès sa naissance au sceau de l'infamie !

« Dans l'état actuel des choses, une fille-mère n'a le choix qu'entre l'infanticide et le recours à l'Assistance publique », constatait amèrement un journaliste du *Temps* en 1898.

Aussi, dès les premiers signes, certaines étaient prêtes à tout pour interrompre leur grossesse : lavements répétés à l'eau de javel, absorption de substances supposées abortives, injection de savon noir dilué dans du crésyl, coups sur le ventre, utilisation d'instrument divers : ciseaux, tringles à rideaux et, surtout, aiguilles à tricoter... Très souvent avec à la clé des conséquences dramatiques : perforations, septicémies, stérilité définitive !

D'autres préféraient s'en remettre aux « faiseuses d'anges », des avorteuses incompétentes qui, moyennement des sommes rondelettes, agissaient dans la clandestinité, sans hygiène ni précautions particulières.

Ce n'est qu'en 1967, avec la loi Neuwirth sur la contraception, et en 1975, avec la loi Veil sur l'avortement, qu'enfin, les femmes ne redoutèrent plus, mois après mois, d'entamer une grossesse non désirée.

Toutes les femmes enceintes qui ne souhaitaient pas ou ne pouvaient pas garder leur enfant n'avaient pas recours à l'avortement. Quelques-unes attendaient jusqu'au moment de l'accouchement pour supprimer le nouveau né, parfois avec la complicité du père (étouffement, noyade, strangulation) avant de faire disparaître le petit cadavre au fond du jardin ou sous un tas de fumier. Les dénonciations étaient rares. Dans les fermes isolées, les grossesses étaient facilement dissimulables et, dans les campagnes, une certaine forme de solidarité imposait une tacite loi du silence.

LES RELEVAILLES

Ci-contre, les relevailles en Bretagne.
Le lit-clos est typique des régions aux hivers rudes, comme la Bretagne ou la Franche-Comté.
Il est installé dans l'unique pièce à vivre et peut se fermer grâce à des portes coulissantes, ainsi, il protège du froid tout en donnant un peu d'intimité.
C'est un grand meuble ouvragé servant de lit et d'armoire, le coffre placé devant fait office de marche-pied.

Pour l'Église, qui s'appuyait sur l'Ancien Testament, la femme qui venait d'accoucher était considérée comme souillée :

« *Si une femme ayant usé du mariage enfante un mâle, elle sera impure pendant sept jours ; [...] l'enfant sera circoncis le huitième jour ; et elle demeurera encore trente-trois jours pour être purifiée de la suite de ses couches. Elle ne touchera à rien qui soit saint, et elle n'entrera point dans le sanctuaire jusqu'à ce que les jours de sa purification soient accomplis.*

Si elle enfante une fille, elle sera impure pendant deux semaines, comme lorsqu'elle est séparée à cause de ses purgations accoutumées, et elle demeurera encore soixante-six jours pour être purifiée de la suite de ses couches. »

(Lévitique, XII)

C'est pour respecter cette règle que Marie, quarante jours après la naissance de Jésus, se rendit au temple de Jérusalem pour y présenter son fils et afin d'être lavée de toute souillure, un événement célébré chaque année par les chrétiens le 2 février, jour de la Chandeleur.

Donc, après l'accouchement, la mère, pendant une période plus ou moins longue selon les lieux et les époques, se trouvait mise à l'écart de la communauté paroissiale et soumise à de multiples interdits. Elle ne devait ni trancher le pain, ni tremper la soupe, ni traire les vaches, ni puiser l'eau, ni faire la lessive, ni avoir des relations intimes avec son mari...

Et cela jusqu'au jour des « relevailles », une cérémonie religieuse qui allait lui permettre de sortir enfin de son isolement et de retrouver une vie sociale normale. Le rituel variait d'une région à l'autre. En Vendée, la mère, la tête couverte d'un voile et accompagnée uniquement de quelques femmes de son entourage, allait tôt le matin à l'église du village : comme elle n'avait pas le droit de prendre elle-même de l'eau dans le bénitier, une des accompagnatrices le faisait pour elle. Le petit groupe se dirigeait ensuite vers une chapelle et non vers l'autel principal. Là, la mère s'agenouillait ; le prêtre lui posait son étole sur la tête, récitait les

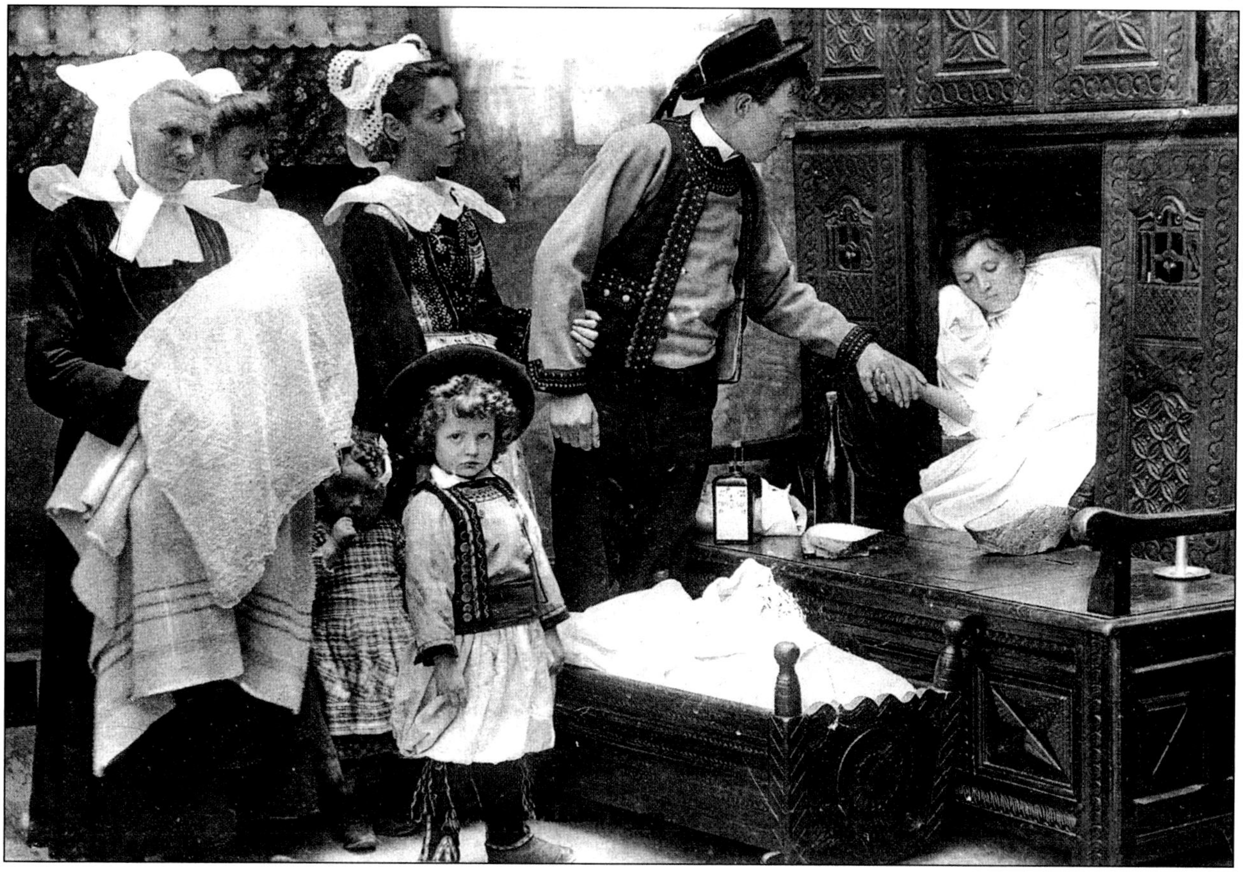

paroles d'usage et la bénissait. En sortant de l'église, la femme, redevenue pure, regardait avec attention autour d'elle : la tradition prétendait que son prochain enfant serait du même sexe que la première personne qu'elle apercevrait.

Ailleurs, cette cérémonie avait lieu à l'issue de la messe dominicale : la mère attendait à la porte de l'église la fin de l'office avant de pouvoir se diriger, un cierge à la main, vers le sanctuaire.

En Provence, la mère se rendait à l'église avec son enfant nouveau-né, porté par la marraine ou l'accoucheuse. À la fin de la cérémonie, la famille se retrouvait autour d'un bon repas et le père plantait un olivier, symbole de prospérité et de longévité.

Cette purification était, aux yeux de l'Église, si importante quelle avait lieu même si l'enfant n'avait pas survécu. Si c'était la mère qui était morte en couches, le prêtre organisait malgré tout un simulacre de cérémonie pour permettre à l'âme de la défunte d'entrer au paradis. Les filles-mères, quant à elles, étaient si mal considérées par les autorités religieuses que certains curés leur refusaient la cérémonie des relevailles. Impures elles étaient, impures elles resteraient, condamnées à la condition de pécheresses et aux souffrances de l'enfer !

Suit ton ch'min dré, dis mon p'tit gas
Pour avoir un' gent' existence
Ça dépend tout dé permiers pas
D'aller d'travers doun' point d'avance.

LE PREMIER ÂGE

9 — Les Premiers Pas

Les Chansons de Jean RAMEAU illustrées
5c
POSTES

« COMME DES MOMIES »

En Auvergne, le berceau (lou bret).
Le bébé est solidement arrimé dans son berceau, des sangles enserrant le molleton. Il semblerait que les tout-petits soient ainsi sécurisés dans leur sommeil, à l'abri de sursauts incontrôlés pouvant les réveiller.

Pendant ses premiers mois, le nourrisson était emmailloté, bien serré dans ses langes, incapable de remuer les jambes ni même parfois les bras, tandis qu'un bonnet en laine ou en coton protégeait sa tête et sa fontanelle. On voulait ainsi éviter que son squelette, encore fragile, ne se déforme. Jusqu'au début du XXe siècle, dans le Nord, le « pichou » qui maintenait fermement le corps des nouveaux-nés était confectionné à partir de vieux draps ou de couvertures usagées, voire avec de la toile de serpillière.

Si, pendant la mauvaise saison et dans des pièces sans chauffage, ce harnachement préservait du froid le tout-petit dormant dans son berceau à même le sol, il constituait lors des grandes chaleurs, un véritable supplice pour le petit être ainsi emmitouflé.

Privé de tout mouvement, celui-ci vivait ses premiers mois dans un berceau en bois ou en osier. Parfois, dans certaines campagnes, au moment des grands travaux qui exigeaient tous les bras disponibles, l'enfant était laissé seul, sans surveillance. Par sécurité, on le glissait dans une sorte de grand sac ou d'étui en bois, suspendu à une certaine hauteur afin qu'il soit hors d'atteinte des bêtes. Dès les premières pages de *L'Enfance de Bécassine*, les auteurs, Caumery et Pinchon, nous montrent la jeune héroïne accrochée au mur à côté d'un jambon au

Dans les bras de sa jeune mère, ce bébé breton est fermement maintenu, emmailloté au molleton traditionnel.

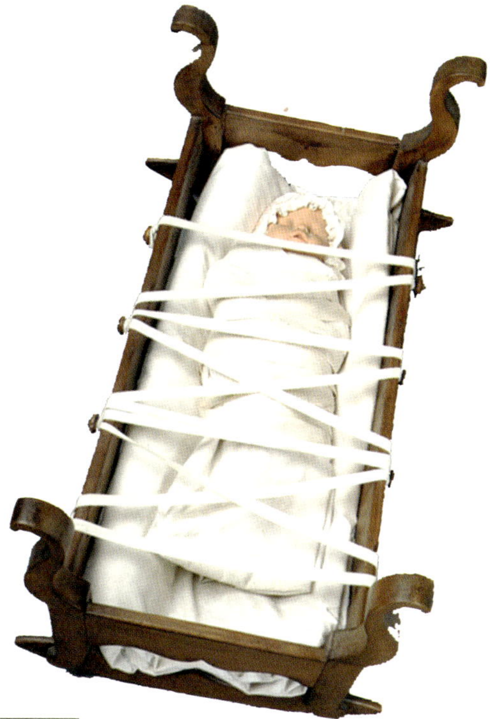

Berceau auvergnat avec éléments décoratifs en forme de cornes de taureau, XIXe siècle. Grâce aux sangles, l'enfant ne bouge pas. S'il pleure, on le berce et on lui chante des comptines. Musée Flaubert et d'Histoire de la Médecine, Rouen (Seine-Maritime).

Emile Pinchard, **Le Berceau**, *1887. Huile sur bois. Musée des Arts et de l'Enfance, Fécamp (Seine-Maritime).*

poivre qui la fait éternuer, ce qui provoque, du même coup, la fuite du voleur qui s'apprêtait à dévaliser la maison.

Quand, enfin, on jugeait que les os de l'enfant avaient atteint une certaine solidité, entre quatre et huit mois selon les cas, on le libérait de son carcan pour lui faire porter une petite robe, qu'il s'agisse d'un garçon ou d'une fille.

Puis viendrait le moment des premiers pas. Les pères, pour aider leur progéniture dans cet apprentissage, ne manquaient pas d'imagination et confectionnaient avec les moyens du bord des systèmes rudimentaires en bois, qui maintenaient les enfants sous les bras et les empêchaient de tomber, tout en leur permettant d'avancer, des trotteurs plus ou moins efficaces.

Si, malgré tout, l'enfant tardait à marcher, l'ultime recours consistait, une fois de plus, à demander l'aide du ciel et de ses saints : en Provence, par exemple, on pensait qu'un pèlerinage à la chapelle Saint-Symphorien de Vernègues pouvait tout arranger.

Les pères et les mères fabriquaient aussi les premiers jouets : poupées de chiffon bourrées de son, « catins » confectionnées à partir de poupées de maïs, chariots rudimentaires tirés par une ficelle, hochet en osier tressé, etc. Ce n'est qu'à la fin du XIXe siècle que le hochet, composé d'un petit tambour en fer-blanc (plus tard en celluloïd) contenant quelques graines séchées, se démocratisa et fit partie des rares cadeaux déposés au pied du sapin de Noël.

Hochet en osier tressé, dans lequel se trouvent des graines de maïs séché ou des noisettes produisant un léger son qui distrait l'enfant. Fin du XIXe siècle. On l'appelle gueurlinjonc *en pays berrichon.*

Deux types de « chariots à glissière », ou promenoirs, pour apprendre à marcher aux jeunes enfants. C'est une sorte de parc qui se déplie et s'agrandit au gré des progrès de l'enfant.

Marie Caire-Tonoir (1860-1934), Une famille aux champs, *1890.*
Huile sur toile. Musée de la Vallée, Barcelonnette (Alpes-de-Haute-Provence).

Trotte-bébé, dit « virène », en osier tressé.

Début du XXe siècle, une rareté : ces jumeaux bretons sont couchés tête-bêche sous le regard de leurs sœurs.

Dès les beaux jours, on peut s'installer dehors, ou dans la cour de la ferme, pour une toilette vigoureuse. Si maman est de bonne humeur, on en profite pour pour l'asperger un peu !

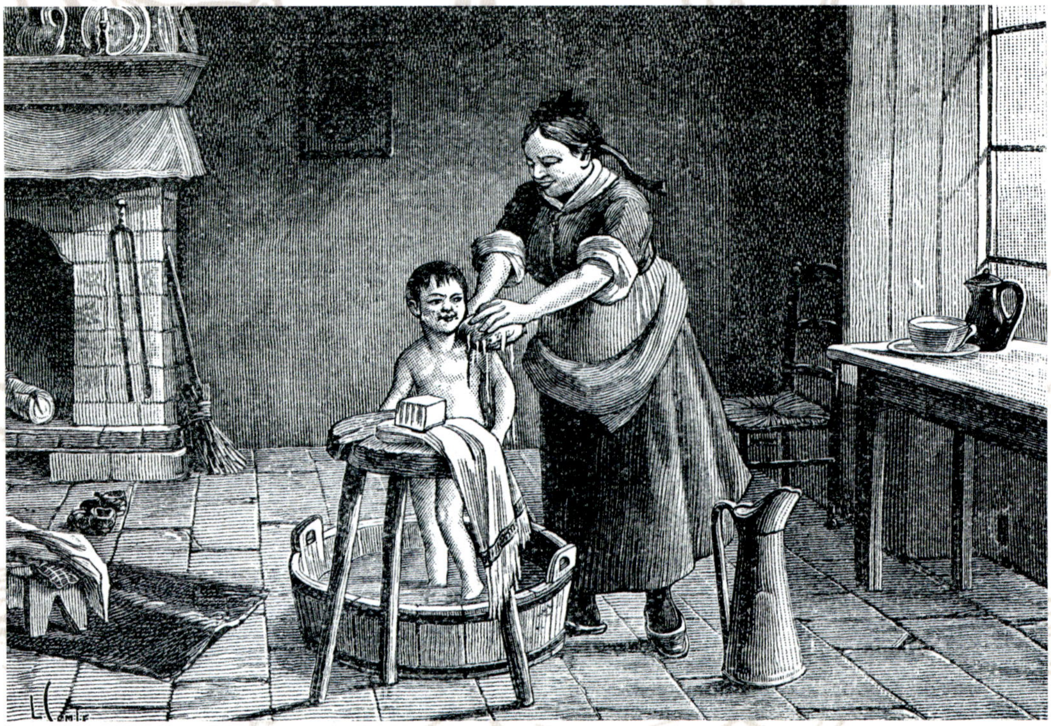

L'hygiène de l'enfant à la campagne, le bain dans un baquet,
gravure extraite d'un livre scolaire de 1924.

Le difficile apprentissage de la propreté et de la toilette. Dans les campagnes, il n'y a ni salle de bain ni eau courante, les mères apprennent donc très vite aux enfants à « aller sur le pot » pour limiter au maximum la corvée de lessive de couches. Carte postale des années 1910.

« Comment on doit maintenir un bébé dans le bain. »
« Comment on doit retirer un bébé du bain. »

NOURRIR SON BÉBÉ

Gravure d'après Tanner, La Jeune Mère, XIXe *siècle. Musée Flaubert et d'Histoire de la Médecine, Rouen (Seine-Maritime).*

Ci-contre, carte postale ancienne d'après Louis Muraton, illustrateur, Le Premier Né.

La plupart du temps, la mère nourrissait elle-même son enfant, parfois pendant dix-huit ou vingt-quatre mois ; même si on prétendait, ici ou là, que l'allaitement prolongé exagérément risquait de le rendre idiot. Durant cette période, la femme devait éviter de manger des choux ou de l'ail qui, disait-on, donneraient mauvais goût au lait ; ou encore de consommer du persil qui le tarirait. Dans ce cas, il resterait à prier sainte Agathe, réputée pour approvisionner les poitrines peu généreuses.

Le sevrage se faisait le plus souvent progressivement, l'enfant se désintéressant de lui-même du sein nourricier. Il pouvait aussi s'opérer de façon plus brutale, la mère s'enduisant la poitrine d'une pâte répulsive à base de moutarde ou de poivre. En Provence, on prenait soin de ne pas effectuer ce sevrage un vendredi pour ne pas porter malheur à l'intéressé.

Dans le Languedoc, jusqu'au début du XXe siècle, dans des cas bien particuliers, on avait recours au « tétaïre ». Ce curieux personnage, toujours un homme âgé ou un « simplet », était appelé lorsque la jeune mère, après la perte de son nouveau-né par exemple, se trouvait embarrassée par un excès de lait. Le tétaïre, sous la surveillance vigilante des femmes du voisinage, était chargé de la délester de cet excédent en tenant lui-même le rôle de l'enfant disparu.

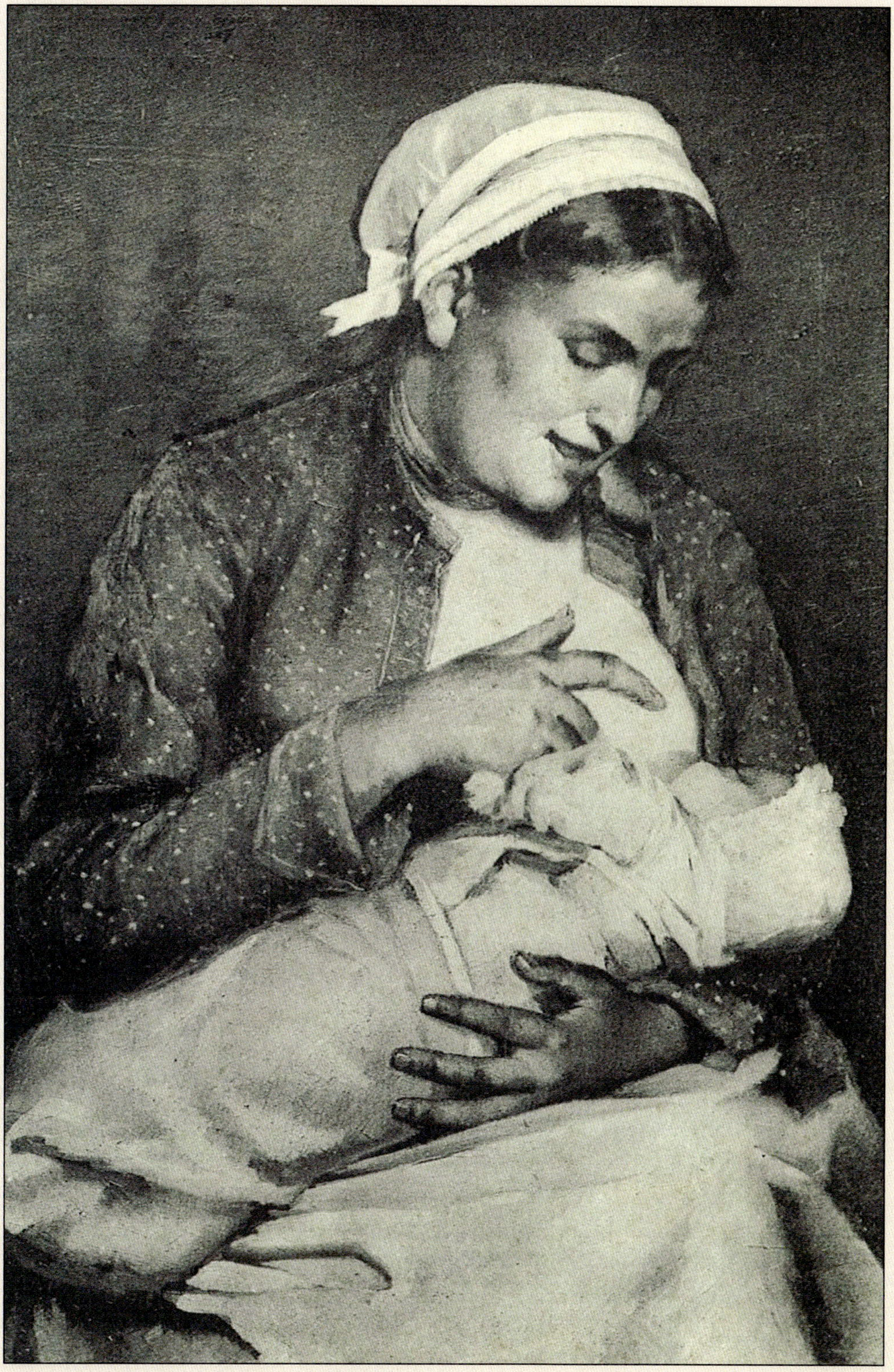

Cette méthode est encore signalée en 1943 dans *La revue des Basses-Alpes* où, dans le numéro 183 on peut lire : « *Quant à la mère, gênée par la montée du lait qui se prolongeait, elle se faisait téter [...] par un petit chien, voire même par une autre personne qualifiée, pour aspirer le lait.* »

Lorsque la mère était incapable d'allaiter son enfant, celui-ci était nourri au lait de vache que l'on évitait de faire bouillir afin de lui conserver, pensait-on, toutes ses qualités nutritives. On utilisait alors un biberon, un ustensile connu depuis bien longtemps et qui prit, au cours des siècles, de multiples formes.

Au XIXe siècle, le biberon breton, *le pod bronnek* (c'est-à-dire : pot-mamelle) se présentait sous l'aspect d'un petit pichet en faïence muni d'une anse et d'un bec en forme de mamelon permettant au nourrisson de boire.

À la fin du XIXe siècle, le biberon en verre se généralisa. Parmi les fabricants, un certain Édouard Robert mit au point un type particulier : l'enfant pouvait aspirer le lait contenu dans le biberon grâce à un long tuyau en caoutchouc. Le succès commercial fut spectaculaire. (D'ailleurs le nom de son inventeur continue, aujourd'hui encore, à désigner, en langage argotique, les seins des femmes.). Malheureusement, on s'aperçut - mais un peu tard - que le tuyau en caoutchouc était presque impossible à nettoyer correctement et était propice au développement de germes de toutes sortes, occasionnant la mort de nombreux nourrissons.

Plaque publicitaire en tôle émaillée vantant les mérites du biberon Robert, fin du XIXe siècle. Musée des Arts et de l'Enfance, Fécamp.

Dès 1897, le docteur Dufour, dans la Normandie médicale, lançait un cri d'alarme : « *Le tolérer, c'est favoriser l'infanticide !* » écrivait-il. Pourtant, il fallut attendre 1910 pour que la vente de ces « biberons tueurs » soit interdite et qu'ils soient remplacés par des biberons munis d'une tétine en caoutchouc directement fixée sur le récipient en verre.

L'alimentation trop souvent empirique du nouveau-né lui occasionnait couramment des troubles digestifs plus ou moins sérieux, comme le « carreau », terme employé à la campagne, lorsque le ventre du nourrisson était gonflé et dur. On lui faisait alors absorber quelques cuillerées d'huile de foie de morue et, pour plus de sûreté, on allait prier le saint recommandé dans ce cas précis (comme saint Fiacre en Touraine).

Biberons en verre auxquels il manque la tétine et le long tuyau de caoutchouc.

Deux tire-lait en verre et caoutchouc.

Carte postale, datant du début du XXe siècle, incitant les jeunes mères à ne plus utiliser ce type de biberon. Le mode de diffusion de cet important message, par carte postale, était judicieux car à cette époque, peu nombreux étaient ceux qui avaient accès à l'information dans les campagnes.

Musée Flaubert et d'Histoire de la Médecine, Rouen (Seine-Maritime).

Il en allait de même pour guérir la « teigne de lait ». Cette affection bénigne du cuir chevelu avait, elle aussi, ses saints spécifiques. Dans le village de Saint-Paul, en Corrèze, on plongeait le petit malade dans la fontaine sacrée dédiée au bon saint Pierre, de préférence le premier vendredi suivant la nouvelle lune.

Les mères redoutaient par-dessus tout les convulsions de leur nouveau-né, provoquées par des accès de fièvre anormaux : pour les éviter, certaines lui faisaient porter un collier d'ambre (faux évidemment) acheté chez le pharmacien du chef-lieu de canton. D'autres accrochaient sur ses vêtements une patte de taupe ou de petits sachets contenant quelques graines de pivoine rouge.

L'apparition des premières dents, entre le sixième et le huitième mois, marquait le début d'une période difficile pour l'enfant. Pour en atténuer les effets désagréables, en Haute-Maurienne, on lui faisait porter un collier confectionné avec les bulbes du lis martagon. Un peu partout en France, au moment des crises, on lui donnait à mâchonner un bâton de réglisse (anti-inflammatoire) ou une racine de guimauve, afin de décongestionner ses gencives et de calmer la douleur. En Normandie, c'était un morceau de pomme ferme qu'on lui donnait à sucer.

A partir des années 1920, il devint plus aisé de se procurer des aliments tout prêts, ou presque, chez l'épicier du village, qui en offrait un large choix.

Page ci-contre, Marius Barthalot (1861-1955), Grande Sœur. *Huile sur toile, musée de Soissons (Aisne).*

*Les premiers pas dans la vie,
fixés à jamais sur la pellicule
et pieusement conservés
dans l'album familial.*

*Les enfants sages,
du début du XXe siècle.*

Années 1940, tendres moments de la vie de l'auteur, dans la campagne tourangelle.

LE BAPTÊME

Sortie de l'église lors d'une cérémonie de baptême à Plougastel, en Bretagne. Les femmes portent la coiffe bretonne et les habits du dimanche.

Baptêmes berrichons au début du XXe *siècle. Les parrain et marraine doivent être jeunes pour assumer une longue vie d'obligations et de protection envers leur filleul.*

Le baptême marquait, pour le garçon ou la fille qui venait de naître, l'admission dans la communauté chrétienne, l'entrée dans le monde des enfants de Dieu. Ce premier sacrement lavait de la faute originelle et ouvrait la possibilité d'accéder, un jour, à la vie éternelle. Sans lui, point de salut.

Jusqu'au début du XIXe siècle, le baptême avait lieu sitôt la naissance. Dans les trois jours suivant l'accouchement, le nouveau-né était conduit à l'église de sa paroisse, quelle que soit la distance et quelle que soit la saison, sans sa mère encore trop faible pour l'accompagner.

Peu à peu, on prit l'habitude de repousser cette cérémonie. On se contentait, dans un premier temps, d'ondoyer le bébé pour lui assurer l'accès au paradis, en cas de décès prématuré. Le baptême proprement dit se déroulait quelques semaines ou quelques mois plus tard et faisait l'objet d'une grande fête de famille qui se terminait par un banquet réunissant parents et amis.

Pendant longtemps, la coutume voulut que le parrain du premier enfant soit son grand-père paternel et la marraine sa grand-mère maternelle. Puis on prit l'habitude, pour tenir ce rôle, de choisir des personnes plus jeunes susceptibles de pouvoir accompagner l'enfant plus longtemps au

20. Le Baptême
Les Chansons de Jean RAMEAU illustrées
On voyez dans l'temps au Berry
Dans tout's les fêtes de parrinages
La musett' jouer comme aux mariages
Les plus bell's chansons du pays
Ah! boun's gens oui, ç'atait le bon temps
Que l'monde il tint toujou content!
Jean Rameau

10c
POSTES

cours de sa vie : ils seraient à ses côtés pour sa communion solennelle puis, plus tard, pour son mariage. Au début du XXe siècle, l'Eglise exigea que les parrains et marraines ne soient pas trop jeunes et qu'ils aient atteint l'âge de raison (sept ans révolus).

Le choix des prénoms obéissait aussi à certaines coutumes, garçons et filles héritant traditionnellement du prénom de leurs grands-parents. Les noms des grands saints, comme Pierre, Jean ou Marie, étaient également régulièrement utilisés, de même que ceux de saints locaux dont la notoriété ne dépassait guère les limites de la paroisse. La mode avait aussi son importance : ainsi, sous l'Empire, beaucoup de garçons furent baptisés Napoléon (un saint que l'Église avait dû « inventer » pour la circonstance !).

Le jour du baptême, la famille endimanchée se rendait à l'église, la mère ou la marraine portant le nouveau-né, revêtu (garçon ou fille) d'une robe de couleur blanche. La cérémonie se déroulait dans la chapelle des fonts baptismaux : tandis que le parrain tenait à la main un cierge, symbole de lumière, allumé au grand cierge pascal, le prêtre versait un peu d'eau sur la tête du baptisé, posait quelques grains de sel sur ses lèvres et faisait des onctions sur le petit corps avec le saint chrême.

À la sortie de l'église, les cloches carillonnaient afin d'annoncer l'arrivée d'un nouveau membre dans la communauté paroissiale. Parrain et marraine lançaient à la volée des dragées mélangées à quelques pièces de monnaie aux gamins du bourg massés sur le parvis.

Avant de quitter l'église, le parrain n'oubliait pas d'embrasser la marraine sous le clocher afin d'éviter au baptisé d'être sourd ! Auparavant, il lui avait offert un cadeau, en général une bonbonnière ou un bouquet de fleurs.

Les invités faisaient également des cadeaux au nouveau-né : rond de serviette, coquetier, timbale d'argent, cuiller en argent, médaille, bracelet, etc.

Deux scènes de journée de baptême en pays bressan. La bressane est habillée d'une robe d'étoffe de laine bleue à corset lassé. Pour protéger sa robe, elle porte un tablier de coton. Les plus riches ont des robes d'étoffe plus fine, et des tabliers de soie les jours de fête. Leur coiffure consiste en une coiffe de toile placée en arrière et brodée de dentelle. Les jours de fête, elles portent un chapeau noir très particulier.

Dans les familles les plus aisées, pas de baptême sans dragées ni cadeaux traditionnels : timbale en argent, rond de serviette, coquetier, bracelet, etc.

*Le matin du grand jour, selon l'usage commun,
les cloches sonnent sur plusieurs tons : trois fois
pour un gars, et deux pour une fille.
Nulle part, elles ne tintent pour le « bâtard »,
l'enfant « naturel », qui entrera
dans le Saint-Lieu par la petite porte.*

Deux robes de baptême : à manches longues, datant du début du XXe s. ; à manches courtes, datant de la fin du XIXe s. Ces robes, pour garçon ou fille, étaient conservées dans la famille pendant plusieurs générations. S'il n'en existait pas, c'était la marraine qui, traditionnellement, l'offrait. Même dans les familles rurales parfois modestes, la robe de baptême s'est généralisée au XIXe siècle – auparavant, les bébés étaient baptisés dans l'habit traditionnel de la région.

« Alice ma mère, née le 30 janvier 1911 à Cléré-du-Bois (Indre), par un hiver très rigoureux, fut baptisée dans l'église paroissiale, glaciale, dès le 2 février. N'oublions pas qu'elle avait été transportée dans la carriole familiale, depuis la ferme natale, pour une distance de l'église de 2,5 km. Dans nos campagnes, où la religion catholique était omniprésente... la crainte de la mort subite du nourrisson faisait que l'on hâtait la cérémonie de baptême. »

Son fils, Jacques Greslier.

Baptême
Baptême

LES NOURRICES

Portrait de Francine, nourrice dans une famille aisée de Compiègne, à qui fut offert ce portrait, sans doute par reconnaissance. Fin du XIXe siècle. L'enfant, devenu soldat, mourut en 1916.

Ci-contre, carte postale datant de 1905. Ici, l'enfant est représenté par une poupée.

À l'approche du terme de la grossesse de la citadine riche, le médecin de famille se mettait en quête d'une nourrice jeune et vigoureuse. Bientôt, il ramenait de la campagne une forte et puissante fille. Son corsage de cotonnade grossière à carreaux avait peine à contenir les rondeurs de seins promettant une nourriture, aussi abondante que saine, à l'enfant qui dormait au berceau.

Ces jeunes femmes laissaient un environnement rustique, au confort sommaire, pour rejoindre de riches demeures dans les grandes villes et pour se confronter à de nouveaux codes sociaux et culturels. On imagine leur départ et l'arrachement ressenti à quitter leur famille, leurs enfants tout juste sevrés, certaines rêvant peut-être secrètement d'une vie meilleure.

À peine arrivées dans cet univers étranger, les unes donnaient le sein, les autres non, mais toutes devaient prodiguer leurs soins et donner leur affection en échange d'un salaire. Paradoxe de la situation, ces mères étaient acculées à laisser, pour un temps, leurs enfants afin de se dévouer pour des inconnus du même âge.

Dans les lettres envoyées au pays, on perçoit l'extraordinaire de cette situation qui leur donnait accès à un monde de confort et de richesse, où l'argent pouvait acheter jusqu'au lait maternel.

Commandements
de la Nourrice
Ton rejeton tu sèvreras
Sans hésiter aucunement,
Ta campagne tu quitteras
Pour la ville au grand mouvement,
Un « p'tit bourgeois » dorloteras
Comme s'il était ton enfant,
De bons mets tu profiteras
Pour avoir du lait épatant,
Chaque jour te promèneras
Pour le nourrisson soi-disant,
Mais au rendez-vous te rendras
D'un troupier très fidèlement,
A ce régime tu vivras
Très heureuse certainement,
A ta campagne reviendra
Ayant gagné beaucoup d'argent.
M. H.

La nourrice se reconnaît à son col noir, debout à gauche.

Les paysannes morvandelles avaient bonne réputation et trouvaient facilement des places de nourrice dans les grandes familles fortunées de Paris et de province. Voici quelques portraits, remontant au tournant du XXe siècle.

« La nourrice est installée. Sa chambre communique par un cabinet à celle de sa maîtresse et tout le luxe du confort lui est prodigué. Pauvre femme des champs habituée aux rudes labeurs de son ménage, aux travaux incessants de la ferme, transportée soudain au milieu des splendeurs que donne la fortune, éblouie de l'éclat qui l'entoure, elle ose à peine se servir des belles choses qui sont à son usage, ni toucher aux meubles qui garnissent sa chambre ; silencieuse et craintive, elle obéit sans répondre, remue sans bruit, baisse les yeux, et prodigue à son nourrisson les gouttes emmiellées d'un lait suave et pur. Son caractère a des contours arrondis comme ceux de ses formes ; toujours douce, avenante, timide et bonne, elle sourit et remercie quoi qu'on fasse. Elle a l'humeur calme et patiente ainsi que l'onde d'un petit ruisseau qui glisse sur un lit de sable et de mousse, et rien ne saurait obscurcir la placide lumière de ses yeux ou plisser l'épiderme brun de son front poli comme du marbre.

La jeune mère s'applaudit du hasard qui lui a fait rencontrer la perle des nourrices, et s'étonne qu'un aussi angélique caractère se puisse trouver sous la robe d'une femme. » [...]

« À l'apparition de la première dent, il n'est pas rare de lui voir octroyer par la mère la chaîne et la croix d'or, objet d'une longue et patiente convoitise. » [...] « La chrysalide a fait peau neuve. Quelques mois de séjour à Paris ont fait tomber la rude enveloppe qui cachait le papillon frais et dodu. La fille des campagnes a jeté, une à une et petit à petit, les pièces de son trousseau champêtre : la Berrichonne abdique le chapeau de paille tressée ; la Cauchoise le haut bonnet de tulle ; toutes mordent à l'hameçon de la coquetterie, et une toilette fringante succède au déshabillé modeste de la fermière. » [...]

« Elle économise et fait passer au pays de petites sommes successives qui un jour agglomérées acquitteront la valeur d'un pré ou d'un moulin ; elle accapare peu à peu un vaste trousseau dont elle paie chaque pièce avec un merci peu coûteux ; et elle bâtit l'aisance de son avenir en détournant les miettes du présent.

À trente ans elle clôt sa carrière. La nourrice a quatre ou cinq enfants au moins, souvent plus ; la ferme appartient à son mari ; quelques petits champs s'arrondissent alentour : elle a payé le tout avec des gouttes de lait. L'allaitement, je dirais presque le nourriçat, *n'était mon respect pour l'Académie, est aujourd'hui une profession périodique et lucrative qui est en grand honneur au village ; elle fait partie des industries en usage aux champs, et beaucoup de mères villageoises la font entrer pour une grosse somme dans l'inventaire de la dot qu'elles concèdent à leurs filles en les mariant à quelque meunier. »*

Amédée Achar (1814-1875),
La nourrice sur place *(1840).*

À L'ÉCOLE

UN NOUVEAU MONDE

L'unique tenue des écoliers ruraux des années 1900, sarrau noir et galoches par tous les temps.

À partir des années 1881-1882, les lois dites « de Jules Ferry » rendirent l'instruction obligatoire pour tous les jeunes Français. Dès lors, le départ pour l'école devint, pour chaque petit campagnard ayant atteint l'âge de six ans, un cap important, un véritable tournant, la fin de la première enfance, l'arrachement au cocon familial et la découverte de la vie en société et d'un autre univers. Un changement d'importance pour tous ces garçons et filles habitués aux grands espaces et à la liberté, soudain contraints de rester enfermés des heures durant, assis et silencieux, dans une salle de classe.

Et pourtant, ce décor nouveau pour eux allait bientôt leur devenir familier, un décor quasi identique dans toutes les écoles construites par la République : des rangées de pupitres bien alignés munis de tablettes inclinées pour faciliter l'écriture, une rainure au sommet pour les crayons et les porte-plumes, un trou à droite pour loger l'encrier en porcelaine, un casier pour les livres et les cahiers. Face à eux, le bureau du maître grimpé sur une estrade, devant le tableau noir mural qui portait chaque jour une maxime moralisatrice différente. Dans un angle, un autre tableau, sur pieds celui-là, sur lequel l'élève désigné effectuait les

14 janvier 1898
Morale
Respecte le bien d'autrui.
Ecriture.
V Victor Vincent
M1 Lecture Le Tour de France par deux enfants.
page 9. chapitre 3
"L'amour fraternel et l'amour de
la patrie
ENSEMBLE
DE LA CIRCULATION DU SANG
6

exercices devant ses camarades. Aux murs, les cartes de géographie Vidal-Lablache ou Rossignol, celle de la France d'abord avec, en violet, couleur du deuil, les départements perdus d'Alsace-Lorraine, puis la carte de notre empire colonial s'étendant sur tous les continents, fierté de la mère patrie. À côté, de grandes planches pédagogiques détaillaient les différents poids et les différentes mesures ou expliquaient la germination des petits pois ou encore montraient de façon très explicite les ravages de l'alcoolisme sur le corps humain...

Et puis, dans toutes ces classes régnait la même odeur, curieux mélange de poussière de craie, d'encre, de papier, d'encaustique, avec en plus, en hiver, la fumée du poêle qui tirait mal.

On ne connaissait pas alors le ramassage scolaire et bien des écoliers des campagnes devaient souvent faire à pied des trajets de plusieurs kilomètres pour se rendre à l'école du bourg, même si le gouvernement s'efforça de multiplier, dans les communes les plus étendues, les écoles de hameaux à classe unique afin de réduire les distances à parcourir par les élèves et de tenter ainsi de faire diminuer l'absentéisme.

La salle de classe est désormais le nouveau décor de ces galopins.

Jeunes Pyrénéens sur le chemin de l'école.

Avec les « bataillons scolaires », l'écolier s'initie au maniement du fusil (factice).

Ecolières auvergnates en sabots, les cartables sont dissimulés sous les chaudes pèlerines d'hiver.

Une classe de petits Creusois, vers 1900.

Carte postale datant de 1908 : « Je voterai la suppression des pensums et des punitions »

Levés de très bonne heure, après un vague débarbouillage et l'absorption d'un bol de lait et de quelques tartines ou d'un reste de la soupe de la veille, ces enfants partaient, sac au dos, quels que soient le temps ou la saison, chaussés de sabots ou de galoches.

« *Dans mon petit coin de montagne [...] nous étions cinq ou six à faire quatre ou cinq kilomètres chaque matin pour arriver à l'école. On nous disait : - Quelle belle promenade !*

L'hiver surtout, quand il y avait trente centimètres de neige et qu'il fallait partir dans la nuit noire. Mais alors, on nous flattait : - Tu es un homme, voyons !

Une fois par semaine, il fallait se mettre en chemin un peu plus tôt, à six heures au lieu de sept. C'était à cause du poêle et du nettoyage, [...] il y avait un roulement et nous devions, à tour de rôle, par équipes de trois, balayer la classe, ratisser la cour et allumer le feu. Nous devions même ramasser tous les encriers des bureaux, y compris les deux du maître, le rouge et le noir, et les disposer autour du foyer pour qu'ils « se fondent » car ils étaient gelés. »
(*Le Journal scolaire* n°5, 30 octobre 1937, V. Cavros)

La plupart des garçons portaient le sarrau noir serré à la taille par une ceinture, et un béret sur la tête, tandis que les filles mettaient une blouse aux couleurs vives.

« *Sur leur crâne tondu le petit béret basque, enfoncé jusqu'aux oreilles. Celui-là même qui recueille les œufs de pie et de corbeaux chaque printemps, quand ils vont les dénicher tout en haut des peupliers pour les apporter triomphalement à l'école, afin de recevoir le sou octroyé par le Conseil municipal soucieux de la destruction des nuisibles - ou encore la petite casquette ronde [...]. Casquettes ou bérets, il faut les enlever matin et soir pour saluer le maître...*

[En hiver] comme les autres, je porte des chausses de coton noir ou marron retenues à mi-cuisses par une jarretière de caoutchouc noir. Les grands restent en chaussettes toute l'année pour ne pas ressembler à des filles, si bien qu'ils souffrent d'engelures aux genoux. Et, comme ils grandissent vite, leur culotte trop courte laisse souvent passer un pan de chemise, une de ces liquettes fendues sur les côtés, que les couturières du village taillent très longues pour bien envelopper les fesses, dans une chemise usagée de leurs pères. » (Louis Lebourdais, *Petit écolier sarthois*, vers 1930)

De rigueur pour tous les élèves de France, la blouse est aussi un moyen de cacher les différences sociales.

Carte postale datant de 1906, les petits bretons s'essayent à l'écriture du français !

Les filles et leur maîtresse sont réunies devant l'école, pour une photographie de carte postale, mai 1907.

*Au début du XXᵉ siècle,
pour les souvenirs de classe,
la mode était au portrait individuel,
glissé dans une carte pré-imprimée.*

Pour beaucoup de familles paysannes,
la photo prise à l'école était l'un des rares
souvenirs des années d'enfance.

Ci-contre, 1935 ;
ci-dessous, dans les années 1900.

LE CERTIFICAT D'ÉTUDES

Médaille de prix pour l'obtention du diplôme, remise en 1890.

Carte postale datant de 1910, Jean annonce fièrement à sa famille qu'il est reçu au Certificat d'études ! (La scène représente le battage du blé à l'île de Ré.)

L'obligation scolaire prenait fin normalement à l'âge de treize ans mais, à partir de onze ans, les meilleurs élèves pouvaient se présenter au Certificat d'études primaires, cet examen qui sanctionnait le terme de la scolarité obligatoire.

Au cours des semaines qui précédaient le fameux « Certif' », les futurs candidats étaient soumis à un régime de révisions intensives. Le maître les retenait le soir après la classe et les accablait d'exercices d'orthographe et de problèmes d'arithmétique. Il fallait aussi ingurgiter toutes les grandes dates de l'histoire de France, la liste des préfectures et des sous-préfectures de tous nos départements, le nom des fleuves et de leurs affluents, etc. On avait l'impression qu'on ne serait jamais prêt pour l'examen qui se déroulait dans l'école du chef-lieu de canton.

Les quatre épreuves écrites occupaient toute la matinée : écriture, rédaction, exercices d'arithmétique... et surtout dictée, le moment le plus redouté, l'heure de vérité, car cinq fautes entraînaient automatiquement un zéro éliminatoire ! Or, comment éviter tous les pièges de la langue française ? Comment conjuguer ces verbes du troisième groupe à l'imparfait du subjonctif ou au futur du conditionnel ?

ACADÉMIE
DE LYON

République Française

DÉPARTEMENT
DE LA LOIRE

CERTIFICAT D'ÉTUDES PRIMAIRES

ÉLÉMENTAIRES

L'Inspecteur d'Académie du département de la Loire,

Vu l'article 6 de la loi du 28 mars 1882, modifié par la loi du 11 janvier 1910 ;

Vu les décrets du 27 juillet 1882 et du 18 janvier 1887 ;

Vu l'arrêté ministériel du 18 janvier 1887 (articles 254 à 262), modifiés par les arrêtés des 31 juillet 1897, 20 septembre 1898, 8 août 1903 et 27 juillet 1908 ;

Vu le procès-verbal de l'examen subi par Mr Fourbon Jean Pierre Marie dans les conditions déterminées par les arrêtés sus-visés ;

Vu le certificat en date du 6 octobre 1916, par lequel la Commission cantonale de Montbrison, siégeant pour la session de 1916, atteste que Mr(1) Fourbon Jean Pierre Marie né le 1er Juillet 1904 à St Thurin département de la Loire, a été jugé digne d'obtenir le Certificat d'études primaires élémentaires,

Délivre à Mr Fourbon Jean Pierre Marie **le présent CERTIFICAT D'ÉTUDES PRIMAIRES ÉLÉMENTAIRES pour servir et valoir ce que de droit.**

Fait à Saint-Etienne, le 16 octobre 1916

SIGNATURE D TITULAIRE,

INSPECTION ACADÉMIQUE
RÉPUBLIQUE FRANÇAISE
(LOIRE)

L'INSPECTEUR D'ACADÉMIE,

(1) Nom et prénoms.

Imp. Monteillet. — 5me lot. n° 771 — 3.000 — 3-16

Comment accorder correctement tous ces perfides participes passés ? Comment se souvenir de toutes ces règles grammaticales et de toutes ces exceptions qui confirmaient ces mêmes règles ?

Pas de nuance, cinq ou vingt fautes, la sanction était la même : l'élimination.

Les copies étaient corrigées aussitôt et seuls les candidats ayant obtenu la moyenne aux épreuves écrites du matin pouvaient se présenter aux épreuves orales de l'après-midi : lecture, récitation (ou chant), histoire et géographie. Pour les garçons des campagnes, s'ajoutait une question choisie dans le programme d'agriculture du cours moyen (à la place, les élèves des villes avaient une épreuve de dessin). Les filles quant à elles, citadines ou rurales, devaient passer une épreuve de couture.

Jusqu'au début du XXe siècle, seuls 25 à 30% des jeunes quittaient l'école avec le précieux diplôme ; le nombre de lauréats n'augmenta que lentement pour atteindre 50% en 1940. Ce faible taux de réussite n'était pas seulement dû à la terrible dictée et à ses chausse-trapes multipliées.

Les maîtres, soucieux d'afficher un taux de réussite excellent qui les ferait passer aux yeux des parents et de l'inspecteur d'académie pour de « bons » pédagogues, ne présentaient à l'examen que leurs meilleurs élèves, ceux dont ils ne doutaient guère qu'ils réussiraient.

Aussi, quelle fierté pour les heureux parents lorsque le garçon ou la fille avait réussi à décrocher son certif' ! Le diplôme trônerait en bonne place dans la maison.

Une jeune institutrice, en poste à Gizaucourt, minuscule bourg des Ardennes, n'oublia jamais le premier candidat qu'elle présenta à cet examen en 1919. Pour se rendre au chef-lieu de canton, Ville-sur-Tourbes, à une vingtaine de kilomètres du village, l'unique candidat, un certain Jean, était accompagné de son père, de son oncle et, naturellement, de l'institutrice qui jouait là sa réputation et qui n'en menait pas large, car elle savait le garçon intelligent mais fort étourdi... Ce fut avec un grand soulagement

La géographie au Certificat d'études,
F. Nathan (Paris, 1954).

qu'elle entendit, à la fin de la journée, le nom de son élève parmi les lauréats. Un succès que le papa et l'oncle s'empressèrent d'arroser comme il se doit :

« À Ville-sur-Tourbes d'abord, puis en route. À chaque auberge qu'on rencontrait : arrêt ! Ceci au moins trois fois. Si bien que le cheval qui conduisait le break, las de tirer sur la longe qui le retenait à une boucle de fer, finit par la casser et s'enfuit dans la campagne. Après une assez longue course, on finit par la rattraper ; et cette fois en route définitivement vers Gizaucourt. »

Tapie dans un coin de la voiture, la petite institutrice se représentait les gens du village, sur le seuil de leur porte, attendant le retour du candidat. Comme il se faisait tard, certains devaient penser :

« Il a probablement eu sa veste, le Jean, et le papa ne veut rentrer qu'à la nuit ! Mais, lorsqu'on vit apparaître le grand cheval qui trottait allégrement et les mines réjouies des voyageurs, on comprit qu'il y avait eu succès. On vint aux renseignements et ce fut une véritable ovation pour l'élève et la maîtresse ! »

En ce temps-là, le Certificat d'études, c'était vraiment quelque chose ! Réussi ou non, il signifiait la fin de l'enseignement élémentaire et marquait une étape essentielle dans la vie des jeunes garçons et des jeunes filles des campagnes : une sorte de rite de passage entre le monde de l'enfance et le monde du travail. Aussi, la robuste armature morale et citoyenne qu'ils avait acquise, les aiderait à franchir ce cap.

Livre scolaire rassemblant 120 sujets de rédaction pour le Certificat d'études, Lib. Armand Colin (Paris, 1911).

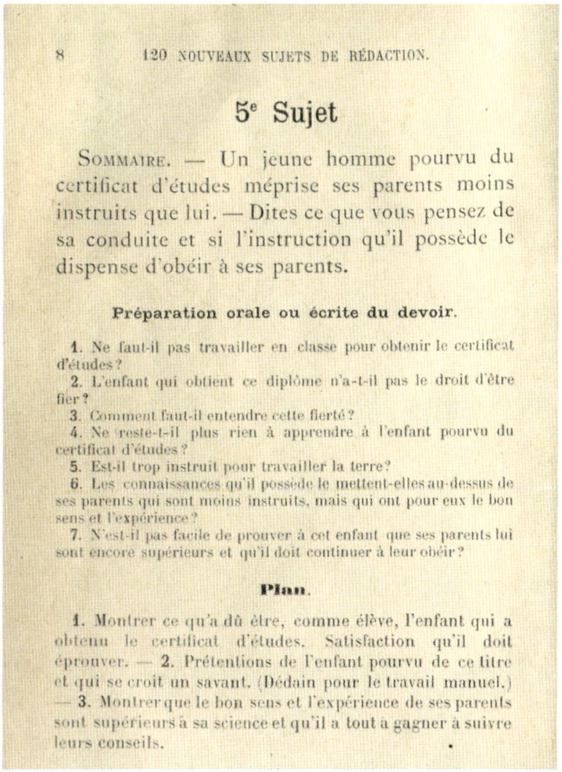

8 120 NOUVEAUX SUJETS DE RÉDACTION.

5e Sujet

Sommaire. — Un jeune homme pourvu du certificat d'études méprise ses parents moins instruits que lui. — Dites ce que vous pensez de sa conduite et si l'instruction qu'il possède le dispense d'obéir à ses parents.

Préparation orale ou écrite du devoir.

1. Ne faut-il pas travailler en classe pour obtenir le certificat d'études ?
2. L'enfant qui obtient ce diplôme n'a-t-il pas le droit d'être fier ?
3. Comment faut-il entendre cette fierté ?
4. Ne reste-t-il plus rien à apprendre à l'enfant pourvu du certificat d'études ?
5. Est-il trop instruit pour travailler la terre?
6. Les connaissances qu'il possède le mettent-elles au-dessus de ses parents qui sont moins instruits, mais qui ont pour eux le bon sens et l'expérience ?
7. N'est-il pas facile de prouver à cet enfant que ses parents lui sont encore supérieurs et qu'il doit continuer à leur obéir ?

Plan.

1. Montrer ce qu'a dû être, comme élève, l'enfant qui a obtenu le certificat d'études. Satisfaction qu'il doit éprouver. — 2. Prétentions de l'enfant pourvu de ce titre et qui se croit un savant. (Dédain pour le travail manuel.) — 3. Montrer que le bon sens et l'expérience de ses parents sont supérieurs à sa science et qu'il a tout à gagner à suivre leurs conseils.

Année 1932-1933

DISTRIBUTION SOLENNELLE des PRIX

à l'École de Garçons de St Martin le Beau

PRIX de Lecture
de Récitation
d'Écriture
de Rédaction
de Dessin
d'Orthographe
de Propreté

Décerné à

l'élève Sorin Henri

Le 14 Juillet 1933

L'Instituteur

LIB-PAP. GAMBIER

14 juillet 1935.

1- La Marseillaise,
par l'Union musicale.
2- Allocution
de Monsieur le Maire.
3. Chanson du pays,
chœur par les garçons.
4- Distribution des prix
à la classe des garçons.
5- Le couvre-feu,
chœur par les garçons.
6- Ouverture,
par l'Union musicale.
7- Distribution des prix
à la classe des filles.
8- Venise et Bretagne,
romance par les filles.
9- Fantaisie,
par l'Union musicale.
10. Distribution des prix
à la classe enfantine.
11. La petite maison,
chœur par la classe enfantine.
12- Fantaisie,
par l'Union musicale.
13- Un congrès d'oiseaux,
chansonnette par les filles.
14- Allegro final,
par l'Union musicale.

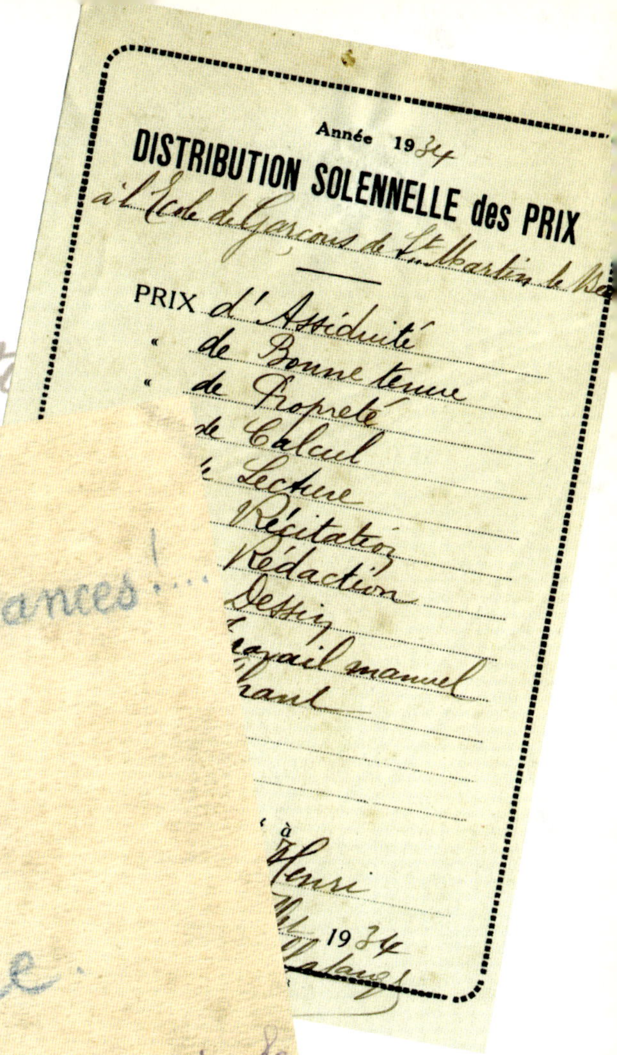

Année 1934

DISTRIBUTION SOLENNELLE des PRIX

à l'Ecole de Garçons de St Martin le Be…

PRIX d'Assiduité
" de Bonne tenue
" de Propreté
de Calcul
… Lecture
Récitation
Rédaction
Dessin
Travail manuel
Chant

à
Henri
1934

En vacances !…

Programme

14 juillet 1933

1- La Marseillaise, par l'Union musicale
2- Allocution de Monsieur le Maire
3- La Fédérale, chœur mixte à l'unisson
4- Distribution des prix à la classe des garçons
5- La vendange, chœur par les garçons
6- Vers la paix, pas redoublé, par l'Union musicale
7- Distribution des prix à la classe des filles
8- Ma maison, chœur par les filles
9- La Belgica, allegro, par l'Union musicale
10- Distribution des prix à la classe enfantine
11- La ronde des petits oiseaux bien sages, chœur par la cl. enf.
12- Marche du P. L. M., par l'Union musicale
13- Pour trinquer, chœur mixte à l'unisson
14- Condé, allegro, par l'Union musicale.

LA COMMUNION SOLENNELLE

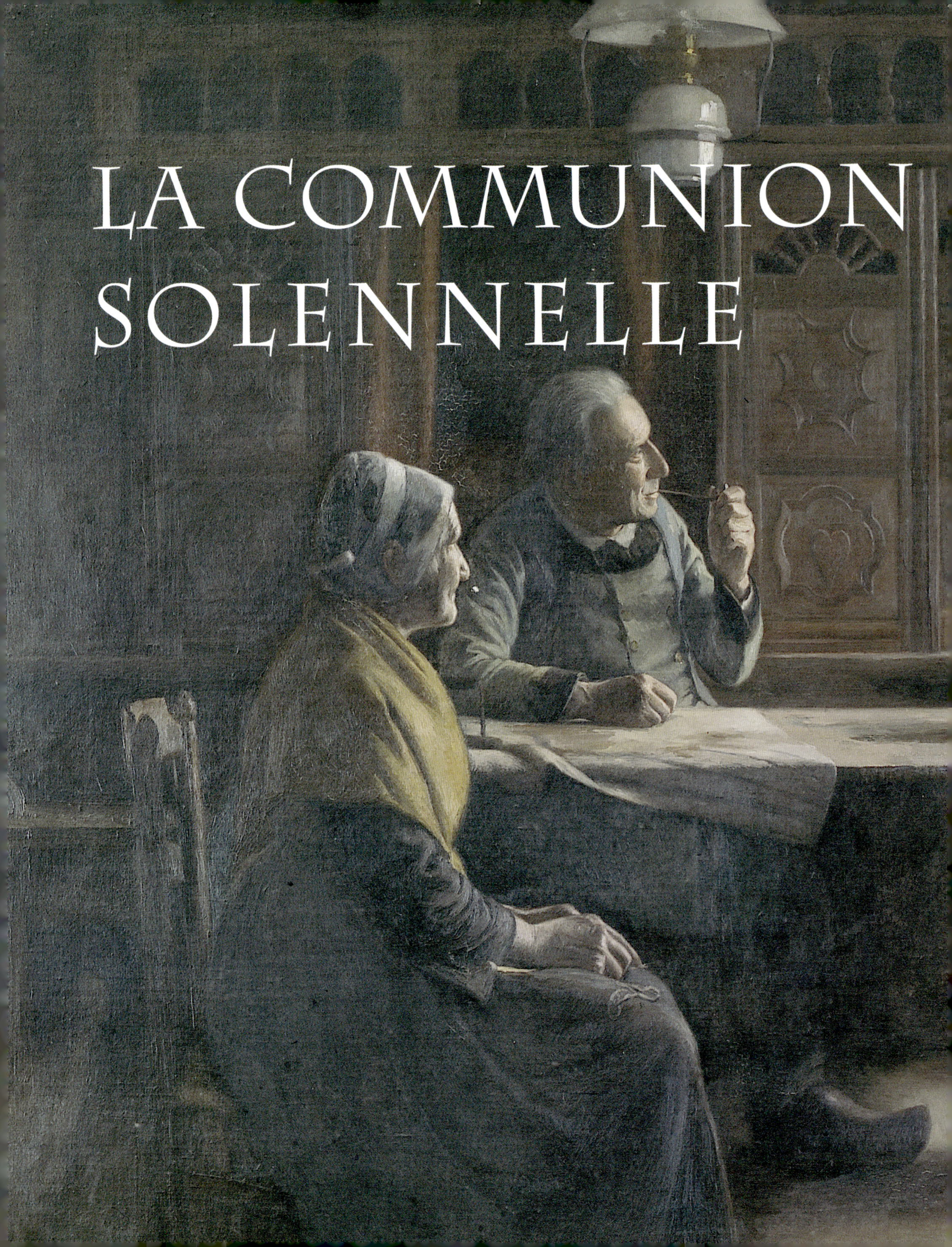

« LE VOICI L'AGNEAU SI DOUX... »

Costume de marin, en drap de laine avec pantalon long, parfois remplacé par une culotte courte.

Brassard de communiant en satin de coton, conservé pieusement dans une armoire, il est maintenant jauni par les années.

Vers l'âge de douze ans, juste avant le Certificat d'études, après plusieurs années de catéchisme (on ne disait pas encore instruction religieuse), venait, aux environs de Pâques ou de la Pentecôte, le moment, pour les garçons et les filles, de faire leur « communion solennelle ». Un rite important accompli devant la communauté paroissiale et la famille au grand complet.

L'événement était précédé d'une retraite au cours de laquelle le prêtre, souvent assisté d'un prédicateur étranger au village, préparait les enfants à recevoir l'eucharistie. Il leur donnait aussi les dernières instructions pour le bon déroulement de la cérémonie, faisait apprendre les cantiques et les prières à réciter le dimanche suivant, le tout entrecoupé de pauses, de longues récréations ponctuées de jeux animés.

Le samedi, veille du grand jour, les futurs communiants devaient subir la désagréable épreuve de la confession. Il n'était pas forcément très facile d'avouer, dans la pénombre du confessionnal, à un représentant de Dieu qu'on devinait à peine derrière l'étroite fenêtre grillagée, les multiples petites fautes qu'on n'avait pas manqué de commettre dans sa vie de gamin pas toujours très sage. Mais, il suffisait de quelques Notre Père et de quelques Je vous salue, Marie, récités devant l'autel, pour débarrasser ces jeunes consciences de ces péchés bien véniels !

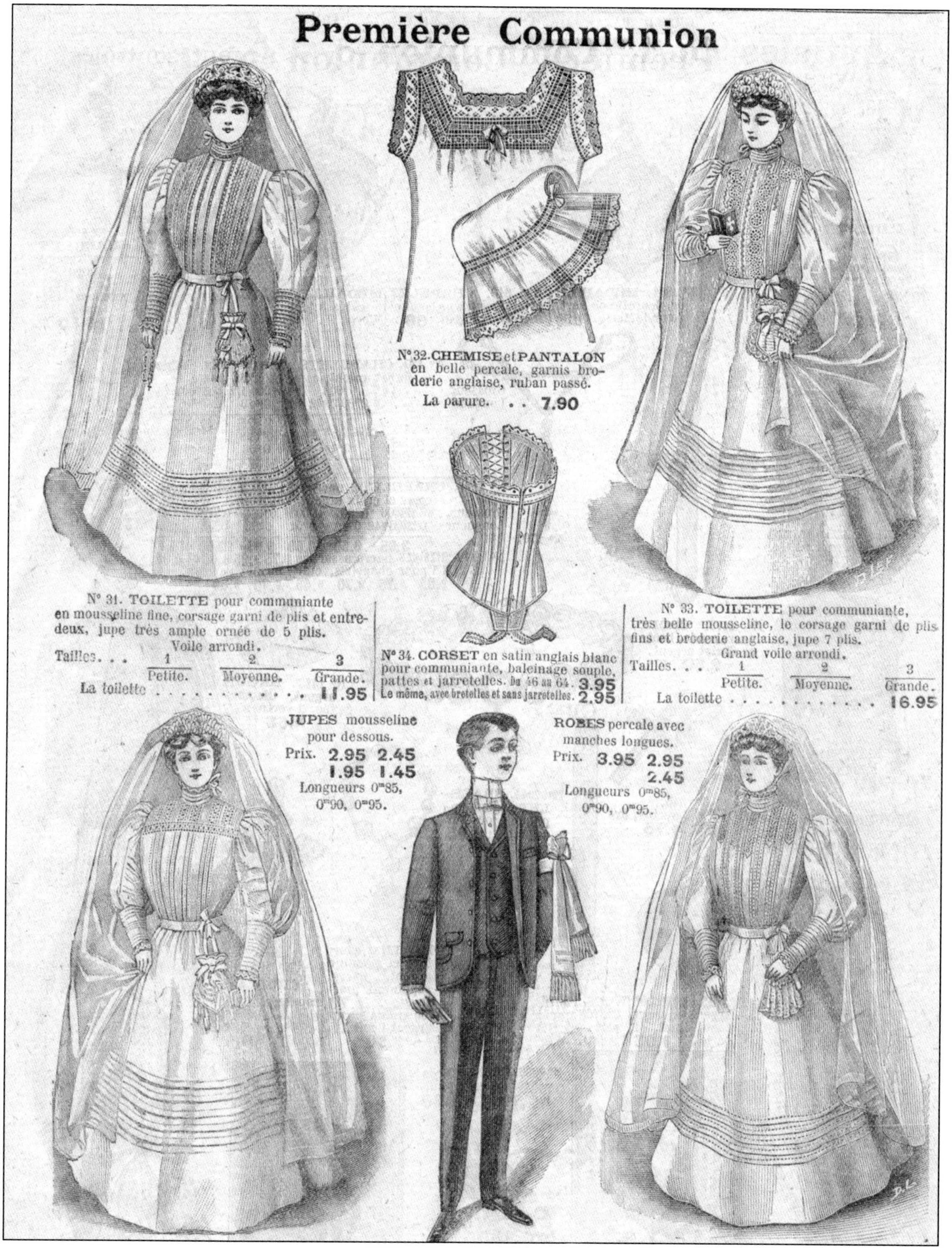

Première Communion

N° 32. CHEMISE et PANTALON en belle percale, garnis broderie anglaise, ruban passé.
La parure. . . **7.90**

N° 31. TOILETTE pour communiante en mousseline fine, corsage garni de plis et entre-deux, jupe très ample ornée de 5 plis.
Voile arrondi.

Tailles. . .	1	2	3
	Petite.	Moyenne.	Grande.

La toilette **11.95**

N° 34. CORSET en satin anglais blanc pour communiante, baleinage souple, pattes et jarretelles. Du 46 au 64. **3.95**
Le même, avec bretelles et sans jarretelles. **2.95**

N° 33. TOILETTE pour communiante, très belle mousseline, le corsage garni de plis fins et broderie anglaise, jupe 7 plis.
Grand voile arrondi.

Tailles. . .	1	2	3
	Petite.	Moyenne.	Grande.

La toilette **16.95**

JUPES mousseline pour dessous.
Prix. **2.95 2.45 1.95 1.45**
Longueurs 0m85, 0m90, 0m95.

ROBES percale avec manches longues.
Prix. **3.95 2.95 2.45**
Longueurs 0m85, 0m90, 0m95.

Catalogue du Grand Bazar de l'Hôtel de Ville, *1907.*

Le dimanche, il fallait se lever dès potron-minet car la messe de communion avait lieu très tôt ; en effet, en ce temps-là, il fallait être à jeun depuis la veille pour recevoir l'hostie. Aussi, c'est le ventre creux que les enfants, accompagnés seulement de leur mère et éventuellement de leur parrain ou de leur marraine, se rendaient au presbytère, lieu de départ de la procession qui les conduirait à l'église.

Les garçons, les cheveux bien en ordre, les souliers parfaitement cirés, un missel à la main, portaient un costume de couleur sombre, acheté à la ville ou confectionné par la couturière du village. Ils arboraient, à leur bras gauche, un brassard blanc brodé, terminé par des franges.

Bernard, le 2 juin 1957.

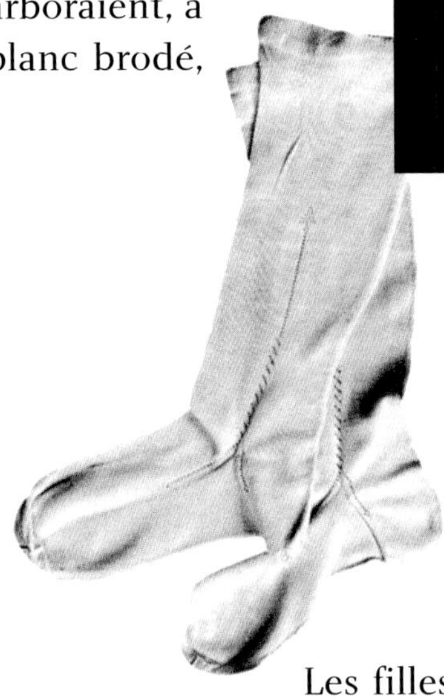

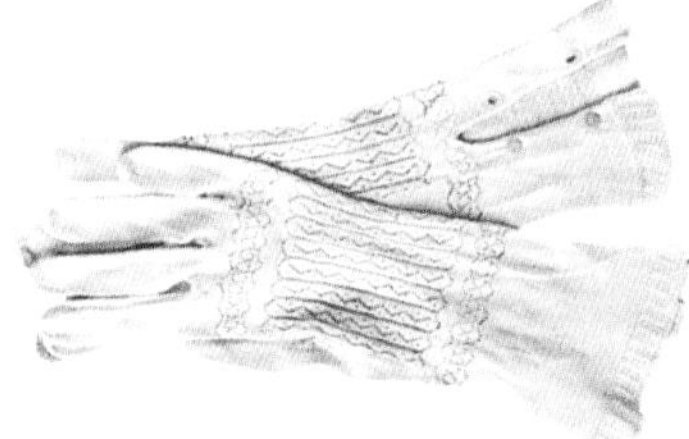

Pour les communiantes : chaussettes et gants en coton blanc.

Paulette, le 20 juin 1943.

Les filles, dans leurs longues robes virginales, un voile de tulle sur la tête, les mains gantées, une aumônière au poignet, ressemblaient à de petites mariées.

Le cortège enfin formé, la procession se mettait en route derrière la croix portée par un enfant de chœur en soutane rouge et surplis blanc. Les communiants avançaient sur deux files parallèles, garçons à droite, filles à gauche.

L'entrée dans l'église, dont les portes étaient grandes ouvertes, était impressionnante. L'harmonium jouait sa partition, la chorale s'égosillait. Des fleurs, blanches de préférence, dont les parfums se mêlaient en un bouquet capiteux, avaient été disposées un peu partout et principalement autour du grand autel et dans la chapelle de la Vierge : marguerites, lilas, roses, pivoines, seringat...

Chaque enfant gagnait sa place, en haut de la nef, tout près du chœur, où l'attendait un grand cierge en cire blanc. Puis, le moment le plus émouvant arrivait, celui de la communion. Tandis que, sous les voûtes de l'antique église, s'élevait le cantique, repris par toute l'assemblée, « *Le voici l'agneau si doux, le vrai pain des anges...* », les enfants, pour la première fois, recevaient dans la bouche le corps du Christ, cette hostie sacrée au goût fade qui s'acharnait à rester collée au palais mais qu'il ne fallait surtout pas toucher avec les dents sous peine de péché. C'est en tout cas ce qu'on leur avait affirmé !

Les communiants en présence de leurs parents et de leurs parrain et marraine. Que de sérieux en ce jour solennel ! Dans les années 1930.

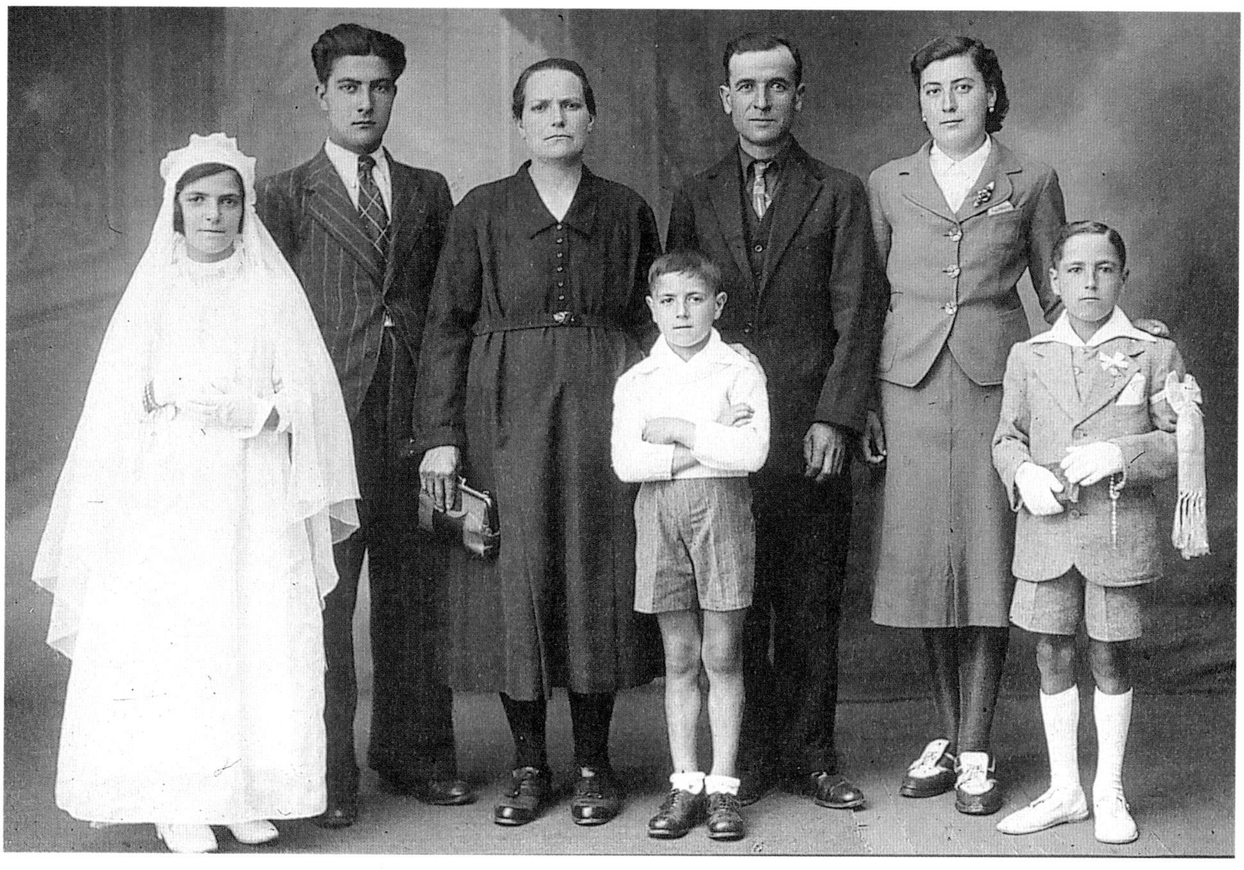

« JE RENONCE À SATAN... »

Avant le départ pour les vêpres : le communiant tient dans sa main le bouquet de fleurs qu'il offrira à la sainte Vierge. Cliché datant des années 1910.

Après la messe, les communiants, soulagés, rentraient chez eux où ils retrouvaient les invités enfin arrivés et les cadeaux qu'ils n'avaient pas manqué d'apporter ; des cadeaux traditionnels, imposés par la coutume : objets pieux (bénitier, chapelet, médaille, croix...) mais aussi des cadeaux plus « utiles » : mouchoirs brodés, épingle de cravate, boutons de manchette, stylo à encre... sans oublier, offerte par le parrain, la fameuse montre-bracelet que l'enfant s'empressait de mettre à son poignet.

Les invités prenaient place autour de la grande table installée dans la grange et recouverte de nappes blanches parsemées de quelques fleurs pour un repas copieux et bien arrosé. Mais pas question de trop s'éterniser : l'heure des vêpres approchait. Les femmes, avec dextérité, confectionnaient des bouquets pour les garçons, des couronnes pour les filles, avec les fleurs du jardin ou les marguerites cueillies dans les prés. Et c'est en se pressant que les communiants regagnaient l'église qui, cette fois, était pleine à craquer. Tout le monde ne pouvait trouver de place assise. Les mères, le chapeau ou la coiffe joliment posés sur la

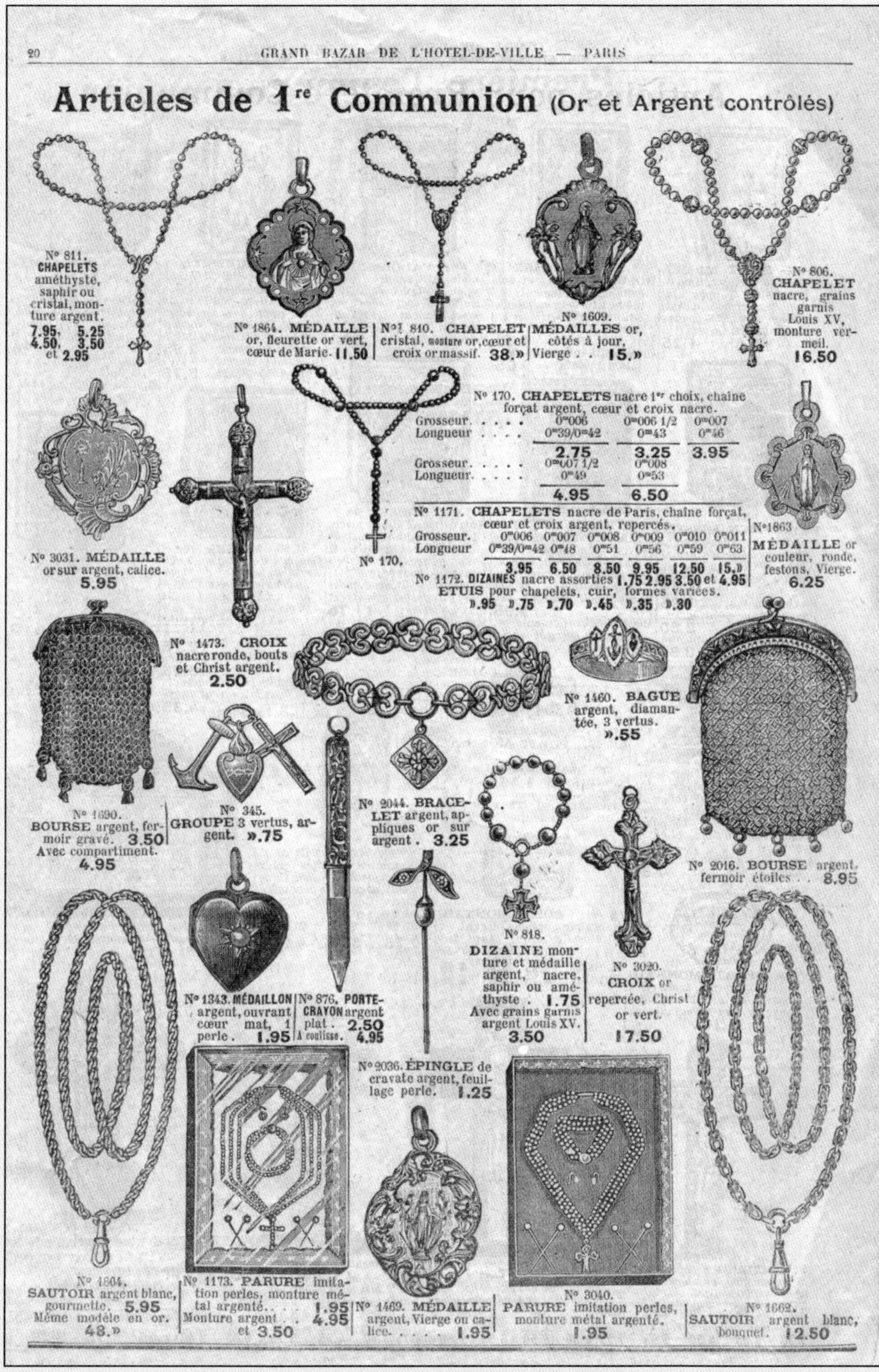
20 GRAND BAZAR DE L'HOTEL-DE-VILLE — PARIS

Articles de 1re Communion (Or et Argent contrôlés)

N° 811. **CHAPELETS** améthyste, saphir ou cristal, monture argent. **7.95**, **5.25** **4.50**, **3.50** et **2.95**

N° 1864. **MÉDAILLE** or, fleurette or vert, cœur de Marie. **11.50**

N° 810. **CHAPELET** cristal, monture or, cœur et croix or massif. **38.»**

N° 1609. **MÉDAILLES** or, côtés à jour, Vierge . . **15.»**

N° 806. **CHAPELET** nacre, grains garnis Louis XV, monture vermeil. **16.50**

N° 3031. **MÉDAILLE** or sur argent, calice. **5.95**

N° 170.

N° 170. **CHAPELETS** nacre 1er choix, chaine forçat argent, cœur et croix nacre.

Grosseur	0m006	0m006 1/2	0m007
Longueur	0m39/0m42	0m43	0m46
	2.75	**3.25**	**3.95**
Grosseur	0m007 1/2	0m008	
Longueur	0m49	0m53	
	4.95	**6.50**	

N° 1171. **CHAPELETS** nacre de Paris, chaîne forçat, cœur et croix argent, repercés.

Grosseur	0m006	0m007	0m008	0m009	0m010	0m011
Longueur	0m39/0m42	0m48	0m51	0m56	0m59	0m63
	3.95	**6.50**	**8.50**	**9.95**	**12.50**	**15.»**

N° 1172. **DIZAINES** nacre assorties **1.75** **2.95** **3.50** et **4.95**

ETUIS pour chapelets, cuir, formes variées. **».95** **».75** **».70** **».45** **».35** **».30**

N° 1863 **MÉDAILLE** or couleur, ronde, festons, Vierge. **6.25**

N° 1473. **CROIX** nacre ronde, bouts et Christ argent. **2.50**

N° 1460. **BAGUE** argent, diamantée, 3 vertus. **».55**

N° 1690. **BOURSE** argent, fermoir gravé. **3.50** Avec compartiment. **4.95**

N° 345. **GROUPE** 3 vertus, argent. **».75**

N° 2044. **BRACELET** argent, appliques or sur argent. **3.25**

N° 2016. **BOURSE** argent, fermoir étoiles . . **8.95**

N° 1343. **MÉDAILLON** argent, ouvrant cœur mat, 1 perle. **1.95**

N° 876. **PORTE-CRAYON** argent plat. **2.50** A coulisse. **4.95**

N° 818. **DIZAINE** monture et médaille argent, nacre, saphir ou améthyste . **1.75** Avec grains garnis argent Louis XV. **3.50**

N° 3020. **CROIX** or repercée, Christ or vert. **17.50**

N° 2036. **ÉPINGLE** de cravate argent, feuillage perle. **1.25**

N° 1804. **SAUTOIR** argent blanc, gourmette. **5.95** Même modèle en or. **48.»**

N° 1173. **PARURE** imitation perles, monture métal argenté. . . **1.95** Monture argent . . **4.95** et **3.50**

N° 1469. **MÉDAILLE** argent, Vierge ou calice. . . . **1.95**

N° 3040. **PARURE** imitation perles, monture métal argenté. **1.95**

N° 1662. **SAUTOIR** argent blanc, bouquet. **12.50**

Catalogue du Grand Bazar de l'Hôtel de Ville, *1907.*
Ces articles seront les premiers cadeaux de valeur offerts à la jeune communiante.

tête, occupaient les meilleurs rangs tandis que les hommes se tassaient tant bien que mal dans le fond de la nef :

« *Les papas sont là, oui, assis tout au fond, le dos au mur blanc, car arrivés en retard, après la rincette d'eau-de-vie vieille et la visite à l'étable. Tant bien que mal, ils sont assis de biais au dernier rang, et sur leur genou qui saille sous le pantalon étriqué de leur costume trois-pièces, ils ont accroché leur casquette comme sur un portemanteau [...] Un peu congestionnés par le faux col amidonné qui fait des plis d'accordéon sous les effets conjugués de la chaleur et de la sueur qui ruisselle de leurs nuques fraîchement tondues, ils inclinent la tête en fixant des souliers qui gardent la trace de leur passage derrière l'écurie. Vaincus par le travail de leur estomac autant que par l'éloquence du prédicateur qui cible sur eux son homélie. Sur leurs blasphèmes innombrables, sur leurs manquements à la messe dominicale. Sur le bon exemple qu'ils devraient pourtant donner à leurs enfants, si purs, si innocents, si... Et les mamans, qui trouvent dans le saint prêtre un allié de poids, sont émues.* »

(Louis Lebourdais,
Les Choses qui se donnent, 1995)

Léopold a revêtu son costume de marin pour sa communion, en 1935.

Tout le monde attendait avec impatience le moment où les communiants allaient renouveler les promesses du baptême et réciter le traditionnel « *acte au Sacré Cœur* » : « *Je renonce à Satan, à ses pompes et à ses œuvres et je m'attache à Jésus-Christ pour toujours* », une formule obscure que bien peu d'enfants comprenaient mais que, néanmoins, tous prononçaient avec ferveur.

Les communiants allaient ensuite en procession à travers l'église déposer leurs fleurs sur l'autel de la Sainte Vierge, l'occasion de faire admirer leur toilette, pendant que toute l'assistance chantait avec eux l'incontournable refrain, repris de génération en génération :

« *Prends ma couronne,*
Je te la donne,
Au ciel, n'est-ce pas,
Tu me la rendras ;
Au ciel, n'est-ce pas,
Tu me la rendras ! »

Coffret en verre offert à la communiante pour y conserver sa couronne. Elle peut y placer quelques fleurs fraîches dans les coupes. Fin du XIXe siècle.

Léa, avril 1927.

On pouvait voir alors, dans l'assistance, quelques yeux rougis et même quelques larmes poindre au coin des yeux tant l'émotion, à ce moment précis de la cérémonie, était forte !

La fête touchait à sa fin. Les invités repartaient, emportant une image pieuse, au dos de laquelle figuraient la date et le nom du communiant. Auparavant, ce dernier n'avait pas manqué de passer devant le photographe venu spécialement de la ville voisine afin d'immortaliser cette mémorable journée.

Le lendemain matin, une messe d'action de grâces clôturait la cérémonie. Enfin, le prêtre remettait à chaque enfant une grande gravure représentant des scènes religieuses. En bas, une attestation écrite à la main, prouvait que le baptisé avait bien fait sa « communion solennelle » (appelée profession de foi à partir de 1936). Encadrée, cette image pieuse serait accrochée plus tard en bonne place dans la chambre à coucher.

Par cet acte symbolique, garçons et filles franchissaient une étape importante de leur vie. Ils disaient adieu au monde de l'enfance pour entrer dans celui, encore mystérieux pour eux, de l'adolescence.

Pour beaucoup de garçons, c'était la fin de la fréquentation régulière de l'église : désormais, ils ne s'y rendraient plus qu'exceptionnellement, pour les fêtes carillonnées ou à l'occasion des mariages, des baptêmes ou des enterrements.

Par une belle journée du printemps 1950, dans le Berry, le frais cortège des communiantes, escorté par une religieuse, rejoint l'église où les jeunes filles renouvelleront les vœux du baptême.

Les jolies demoiselles de la page ci-contre, plus détendues, à la sortie de l'église.

Souvenir de communion datant de 1905. Encadré, il sera accroché au mur de la chambre à coucher.

La Dévotion
au Sacré Cœur.
Sacré-Cœur de Jésus,
que votre règne arrive !

C'est le culte rendu à l'amour du Christ pour l'humanité, et le Sauveur lui même a daigné l'établir en sa forme actuelle dans ses ineffables communications à la Bse Marguerite-Marie.

Mais si cette dévotion, toute d'oraison et d'intimité mystique, paraît si bien convenir aux âmes intérieures, elle est encore et surtout la dévotion publique et sociale de notre temps.

Nous voyons en effet se réaliser, en nos jours, d'une manière réelle bien qu'imparfaite encore, les demandes adressées, il y a deux siècles, par N. Seigneur à la France: la consécration de la nation à son Cœur Sacré, un sanctuaire bâti en son honneur, et enfin l'image de ce Cœur divin imprimée sur le drapeau français !

Pour les communiants et leur famille, c'est le moment d'échanger des images. Les images pieuses sont offertes aux communiants qui, à leur tour, offriront leur photographie à leurs parents les plus chers.

12me Esc

LE SERVICE MILITAIRE

VIVE LES CONSCRITS !

Grand moment d'émotion, le jour où le jeune paysan devait quitter ses sabots et ses chevaux pour enfiler les godillots et l'uniforme du pioupiou ! Instant mémorable où, au déchirement de laisser sa terre natale, se mêlait la fierté d'accéder au rang d'homme à part entière, car, à cette époque, faire son service militaire conférait en même temps un brevet de virilité.

Pour le berger du Morvan ou le laboureur des plaines de Beauce, ce départ représentait pourtant un véritable déracinement. C'était en effet la première fois que ces ruraux quittaient l'horizon rassurant de leur village pour aller rejoindre, à l'autre bout du pays, une caserne sans âme. Brutal plongeon dans un univers inquiétant, décrit à demi-mots, avec plein de sous-entendus par les « anciens », ceux qui en étaient revenus. Un monde à part, un monde d'hommes, avec ses règles, ses codes, ses mœurs, sa hiérarchie, son vocabulaire...

Beaucoup avaient du mal à s'habituer à cette vie en communauté, mais, avec le temps, c'étaient les compagnons de chambrée qui remplaçaient, pour les nouvelles recrues, la famille restée là-bas, au pays.

Deux conscrits de la classe 1930 :
Guy, le porte-drapeau et Gaston, le tambour.

Ci-contre, le conscrit breton est heureux et fier : déclaré bon pour le service (la formule magique est inscrite sur son chapeau), il arbore la cocarde, la canne, le chapeau et les rubans chamarrés. Carte postale colorisée, datant de 1907-1908.

2532. - Le Conscrit Breton
BON

Les soldats, pour la plupart issus de la ruralité, étaient bien accueillis dans les fermes, comme ici lors des grandes manœuvres de 1912.

C'était aussi, pour tous ces bons gars de la campagne, l'occasion, parfois unique, de découvrir la grande ville, ses lumières, sa modernité, ses distractions, ses tentations. L'occasion d'accumuler une foule de souvenirs qu'on serait fiers de raconter plus tard, une fois le service terminé.

Mais, avant de franchir les portes de la caserne, le futur soldat avait dû suivre un invariable parcours commencé quelques mois plus tôt.

Au mois de janvier, dans chaque commune de France, les jeunes gens ayant atteint vingt ans dans l'année écoulée devaient se faire recenser à la mairie de leur domicile. Au printemps suivant, ils étaient convoqués au chef-lieu du canton pour le redouté conseil de révision. Ce jour-là, même si certains voulaient crâner, ils n'en menaient pas large, tous ces jeunes gars qu'on alignait tout nus, l'un derrière l'autre, devant un aréopage de personnalités, civiles et militaires, en costumes trois-pièces ou en uniformes : sous-préfet, maires, conseiller général, officiers et sous-officiers.

« *Le recrutement, si justement nommé l'impôt du sang, est une épreuve difficile car on paraît dépouillé de tout vêtement devant des hommes qui vous examinent de la tête aux pieds, comme on fait d'un cheval ou d'une pièce de bétail à la foire.* » (Scipion de Travanet, Revue du Centre agricole et industrielle, 16 mai 1843)

À l'appel de son nom, chaque conscrit s'avançait pour passer sous la toise puis sur la bascule avant d'être ausculté sommairement par le médecin militaire de service. À la fin de la séance, le verdict tant attendu tombait. La plupart des jeunes gens étaient déclarés « bons pour le service armé » ; les moins costauds serviraient, quant à eux, dans le « service auxiliaire ».

Les « ajournés », jugés physiquement trop faibles pour leur âge, seraient convoqués à nouveau devant le conseil de révision de l'année suivante.

« *J'avais un peu honte, et en peine de ne pas être pris à cause de ma petite taille ; mais ils m'ont trouvé sain et bien charpenté, et tout s'est bien passé. C'est pas le cas du pauvre Lucien qui a été ajourné pour faiblesse de poitrine ; faudra qu'il repasse avec ceux du deuxième contingent...* » (Lettre d'un conscrit de La Châtre à son oncle, 1913).

Les « réformés », reconnus inaptes au service militaire, recevaient bien souvent cette sentence comme une sorte d'humiliation, une remise en cause de leur virilité. Nul doute qu'ils ne seraient à l'abri de quelques moqueries et quolibets acerbes et qu'ils seraient regardés parfois avec mépris par une partie de la population.

L'orchestre-fanfare des conscrits de Luzillé (Indre-et-Loire), classe 1932. On reconnaît le conscrit à sa tenue immuable : le costume, la chemise blanche, ainsi que la cocarde qu'il porte pendant toutes les festivités.

Classe 1918, dernière photo « civile » avant le départ, en costume du dimanche, cigarette aux lèvres.

Parmi les principales causes de réforme, figuraient certaines infirmités : problèmes de vue, surdité, pieds plats, faiblesse de constitution... Il y avait avant tout le critère de la taille : la loi de 1872 excluait des armées tout homme de moins de 1,54 m (contre 1,57 m auparavant).

Cette même loi, votée au lendemain de la défaite contre la Prusse, dispensait certains Français du service militaire : les ecclésiastiques, les enseignants, les élèves des grandes écoles qui s'engageaient à servir dix ans dans la fonction publique, les soutiens de famille (fils de veuves, de septuagénaires). La durée du service était alors fixée à cinq ans dans l'active et quatre dans la réserve.

Mais, comme il était financièrement impossible d'incorporer tout le monde, on avait institué le système du tirage au sort : ceux qui avaient la chance de tirer un « bon numéro » (les numéros les plus élevés) n'effectuaient que douze mois sous les drapeaux (voire dix ou six mois). En revanche, ceux qui tiraient un mauvais numéro n'avaient plus la possibilité, comme c'était le cas avant, de payer un remplaçant pour partir à leur place.

Ce tirage au sort était donc d'une importance capitale pour les familles paysannes qui risquaient de se voir privées pendant des années de bras fort utiles. Aussi, bien des mères n'hésitaient pas à solliciter l'aide de quelques saints du ciel pour que le sort soit favorable à leur enfant. Dans le Lochois (Indre-et-Loire), certaines d'entre elles, le jour du tirage au sort, cachaient un porte-bonheur dans la doublure du vêtement de leur fils : un morceau de pain bénit la nuit de Noël ou bien un petit sachet contenant une araignée !

« Courage, amis, c'est notre tour
Montons l'escalier au plus vite
Et c'est là le destin,
Le malheur incertain
Que va tirer ma main,
C'est pour savoir c'qui adviendra demain »

(Chanson de conscrit, Franche-Comté)

Le tirage au sort sera supprimé par la loi Jourdan-Delbel du 21 mars 1905, au nom du principe républicain d'égalité des citoyens : « *Tout français doit le service militaire personnel* » (article 1).

La durée du service étant ramenée à deux ans pour tous dans l'active, et onze ans dans la réserve. (La période d'incorporation variera souvent par la suite : trois ans en 1913 ; dix-huit mois en 1923 ; deux ans en 1936 ; dix-huit mois en 1950 ; jusqu'à trente mois pendant la guerre d'Algérie...).

Billet de tirage au sort.

Chapeau de conscrit orné de plumes, fruits et fleurs artificielles. Lors des défilés de conscrits, l'un d'eux marche en tête, donnant le rythme avec sa canne à lourd pommeau : c'est le tambour-major. Il porte un chapeau plus haut et plus fourni que ceux de ses condisciples. Ces objets sont généralement conservés dans la famille, comme tout ce qui rappelle le rituel de la conscription. Musée Alsacien de Strasbourg.

Poilus photographiés en studio, avec en toile de fond un avion de combat et une allégorie de la Marseillaise, *1914.*

« BON POUR LE SERVICE, BON POUR LES FILLES ! »

Broche-souvenir de conscrit. Dans le médaillon, le nouveau soldat en galante compagnie.

La distribution des rations de pain et de tabac s'effectue par les appelés eux-mêmes. 1907.

En zone rurale, les jeunes conscrits interviennent aussi dans les farces du 1er avril et du 1er mai, la coutume se maintient de quêter dans les maisons et de prendre sa première « cuite ».

Dès leur sortie de la salle du conseil de révision, les conscrits étaient sollicités par une bande de marchands ambulants qui leur proposaient cocardes et rubans tricolores, breloques et décorations diverses, toutes plus clinquantes les unes que les autres, des insignes que les jeunes gens accrochaient crânement à leur casquette ou à leur veston ; sans oublier l'incontournable slogan « bon pour le service, bon pour les filles », clamant haut et fort la confirmation officielle de leur capacité sexuelle. De quoi donner de l'audace à ces jeunes paysans plutôt réservés qui, soudain, regardaient les filles dans la rue d'un air plus assuré. En général, un photographe était là pour immortaliser ce moment solennel.

Avant de rentrer au village, tous les conscrits de chaque commune, drapeau en tête, faisaient un tour en ville :

« Après la visite [...] on est tous sortis en ville, en bande, avec, en tête, notre drapeau tricolore peint à la main et frangé de doré « Vive la classe 13 ! » ; on a acheté des décorations à rubans bleu blanc rouge, des casquettes tricolores aussi, et des ceintures brodées. [....] On a fait tous les bistrots des bas quartiers ; et on a « goûté » à l'Hôtel de la Tête Noire, avec ceux qui n'étaient pas trop saouls ! Après ça, il y en a qui ont été voir les filles au « gros numéro » de la rue Tourtella... » (Lettre d'un conscrit de La Châtre à son oncle, 1913).

Après la conscription, venait le temps de servir la patrie, une étape importante dans la vie des hommes. Ils n'oubliaient pas de se faire photographier afin de garder le souvenir de ces années passées sous les drapeaux.

Le retour au village au son du clairon ne passait pas inaperçu : tout le monde devait savoir que les conscrits étaient revenus et qu'il fallait déboucher les bouteilles ! La tournée des bars commençait, les tenanciers offrant généreusement du vin aux futurs soldats.

« V'là les conscrits d'chez nous qui passent !
Ran plan plan ! L'tambour marche devant ;
Au milieu, l'drapeau flotte au vent ;
Les v'là ceux qui r'prendront l'Alsace !
[...]
Et donc comme ça, bras d'ssus, bras d'ssous,
Ils vont gueulant des cochonneries ;
Plus c'est cochon et plus ils rient ;
Et plus ils vont, plus ils sont saouls. »

(Gaston Couté, chansonnier)

Pendant plusieurs jours, les cuites se succédaient sans discontinuer. Dans certaines régions, les conscrits portaient un bâton marqué d'une encoche à chaque bouteille vidée.

Mangeant chez l'un puis chez l'autre, dormant dans une grange ou dans un fossé, ils s'adonnaient parfois à quelque plaisanterie au détriment des habitants, changeant, la nuit, les chevaux d'écurie, rassemblant les charrues sur la place du bourg, renversant les carrioles... La communauté regardait ces débordements avec indulgence. C'était la dernière folie de tous ces gars avant leur incorporation, une sorte de charivari, un désordre qui marquait de façon tapageuse la fin de leur jeunesse et de leur insouciance, l'acquisition pour eux d'un nouveau statut social, celui d'adultes responsables.

Par la suite avait lieu le traditionnel bal des conscrits dans la salle d'un café ou sous la bâche d'un bal parquet, une occasion d'inviter les filles du même âge, ultime fête avant le grand départ, dernier adieu à ses amis et à sa bien aimée !

« Adieu mes frères, adieu mes sœurs
Mon sac est prêt, il faut partir.
Il faut quitter père et mère
Sœurs, frères et parents,
Sans oublier ma mie
Que mon cœur aime tant. »

(Chanson de conscrit, Haute-Savoie)

« Conscrit un jour, conscrit toujours » : la tradition des conscrits a cimenté des générations d'hommes à travers une amitié quasi indéfectible.

Carte postale expédiée par un copain, en 1912, à un certain Edmond, sans doute pour lui rappeler en image les bons moments de leur conscription. En effet, il se plaint des longues marches nocturnes, des maladies à la caserne, et du manque de permission.

Invitations aux bals offerts par les conscrits : elles donnent la liste des conscrits de l'année et le nom de l'orchestre invité.

QUAND LE PAYSAN DEVIENT SOLDAT

Cette famille réunie chez le photographe, peu avant le départ du père en 1914, ne savait pas encore que cela serait leur dernière occasion de poser ensemble. En page 188, on retrouvera la mère, devenue veuve, et sa fille sur un émouvant cliché pris au lendemain de la Première Guerre mondiale.

Ci-contre, Robert Belot a l'air martial, dans son uniforme neuf, avec ses moustaches à la mode masculine des années 1930 et son regard décidé de patriote.

Ce sont les gendarmes qui, un jour, apportaient l'ordre de rejoindre une caserne au jeune appelé qui, aussitôt, cherchait fébrilement le nom sur une carte de France, afin de localiser son lieu d'affectation.

Cette fois, c'était le vrai départ : le moment émouvant de quitter la famille, les amis, l'heure de dire au revoir pour longtemps aux paysages familiers pour aller vers un monde inconnu. Difficile alors de ne pas flancher devant les larmes d'une mère ou d'une promise ! Mais on était un homme !

La carriole du père emmenait le futur militaire vers la gare la plus proche. Dans sa valise (confectionnée parfois en bois par le menuisier du village pour qu'elle puisse aussi servir de siège dans les trains bondés), quelques victuailles afin de tenir le coup pendant les longues heures du voyage.

Dans le train, on était soulagé si on avait la chance de retrouver un gars d'un patelin voisin : on ne serait plus seul dans l'épreuve. En cours de route, à chaque arrêt, montaient de nouveaux appelés ; facile à reconnaître car ils se ressemblaient tous avec leur air poupin, mi-goguenard mi-apeuré, mal à l'aise dans un paletot trop étroit.

Au terme du voyage, des militaires en uniforme les attendaient sur le quai et c'est tout un troupeau de jeunes gars mal rasés qui se mettait bientôt en marche.

À la caserne, un officier supérieur les accueillait par un discours pompeux dont les phrases glissaient sur les nouvelles recrues, fatiguées et inquiètes.

Après l'appel, il fallait aller réceptionner son paquetage et l'uniforme qui ferait vraiment de tous ces paysans des soldats, plus sûrement que l'habit fait le moine.

Puis venait la découverte de ce nouvel univers : la chambrée, la cantine... le passage devant un pseudo-coiffeur qui vous mettait la boule à zéro ; les piqûres administrées à la chaîne, sans ménagement et dont on ignorait le contenu.

Le temps des classes commençait pour les « bleus », difficile apprentissage de la condition militaire : les exercices divers et variés, les marches sous les ordres d'un sergent hurlant comme un veau, le maniement du fusil, la chambrée et le lit au carré, les multiples corvées, le rata, le vin mélangé de bromure et, surtout, la sacro-sainte discipline qui, disait-on, faisait la force des armées !

Peu à peu, le paysan de Sologne ou du Périgord disparaissait pour laisser la place à un trouffion anonyme, une sorte de matricule dépourvu de personnalité, prêt à obéir sans broncher et sans réfléchir aux consignes les plus absurdes. Prêt à devenir, si on le lui ordonnait, de la simple chair à canon.

Dans *Les Gaîtés de l'escadron* (1886), Georges Courteline dénonçait cette vie de caserne où régnaient l'arbitraire, l'absurdité et la rigidité du règlement ainsi que la perversité des petits chefs tel l'adjudant Flick, un militaire aigri qui ne cessait d'inventer des corvées stupides et qui prenait un malin plaisir à distribuer des punitions : « *une brute dans toute l'acception et toute l'étendue du mot [...] mettant ses joies et ses ambitions de chaque jour à compter plus d'hommes punis qu'il n'en avait compté la veille.* »

Quant au capitaine Hurluret, c'était « *un homme sans méchanceté mais que conseillait mal l'absinthe dont il prisait plus que de raison la traîtresse et dangereuse douceur.* »

Expédiée en 1910, cette carte postale-photographie nous montre les soldats lors d'une halte en pleine campagne. Certains prennent la pose, d'autres se reposent, alors que leur « barda » est transporté par charrette à cheval.

Les classes terminées, la routine s'installait, les journées interminables succédaient à d'autres journées tout aussi interminables, rythmées par les sonneries du clairon, et profondément marquées par un ennui pesant que le troufion trompait comme il pouvait. « *Le vrai paysan meurt de nostalgie sous le harnais du soldat, loin du champ qui l'a vu naître.* » (George Sand, *La Mare au diable*)

La distribution, à la fin de chaque mois, de la solde venait rompre la monotonie de cette existence en marge de la vraie vie. Elle s'accompagnait de la remise du tabac de troupe qui arrachait la gueule et encrassait les poumons.

De temps en temps, l'état-major organisait des manœuvres destinées à rassurer l'opinion et à montrer que notre armée était prête pour la « revanche » (prête pour reprendre l'Alsace et la Lorraine, perdues en 1870), telles les « grandes manœuvres du Centre » en 1908 qui opposèrent les troupes bleues du général Milliet aux troupes rouges du général Trémeau !

Les sorties en ville étaient attendues avec impatience, car elles offraient de trop rares occasions de retrouver la société civile. Sorties effectuées en compagnie du copain de régiment, comme le fameux « ami Bidasse » immortalisé par la chanson de Louis Bousquet (musique de Henri Mailfait) :

« Avec l'ami Bidasse
On n'se quitte jamais
Attendu qu'on est
Tous deux natifs d'Arras
Chef-lieu du Pas-de-Calais... »

Les plus hardis, ces jours de permission, osaient pousser la porte des maisons signalées par un gros numéro, toujours nombreuses aux alentours des casernes, pour un bref moment de plaisir. Cependant, la plupart se contentaient, comme l'ami Bidasse, de flâner « les bras ballants » devant les monuments et de rêver en suivant, à distance, les bonnes qui faisaient les courses pour leurs patronnes, des filles venues, elles aussi, de la campagne :

« Elles se méfient pas, elles n'y voient rien ;
Ça fait que, comme ça, on s'amuse bien. ».

Des petits riens qui, enjolivés par le temps, deviendront pourtant de grands souvenirs :

« Et plus tard dans la vie
On dira souvent :
Vrai, au régiment, t'en souviens-tu Bidasse ?
On a fait des orgies ;
on a bien passé le temps ! »

Un moment de détente entre camarades de régiment. Cette joyeuse partie de cartes s'est jouée dans les années 1920.

95

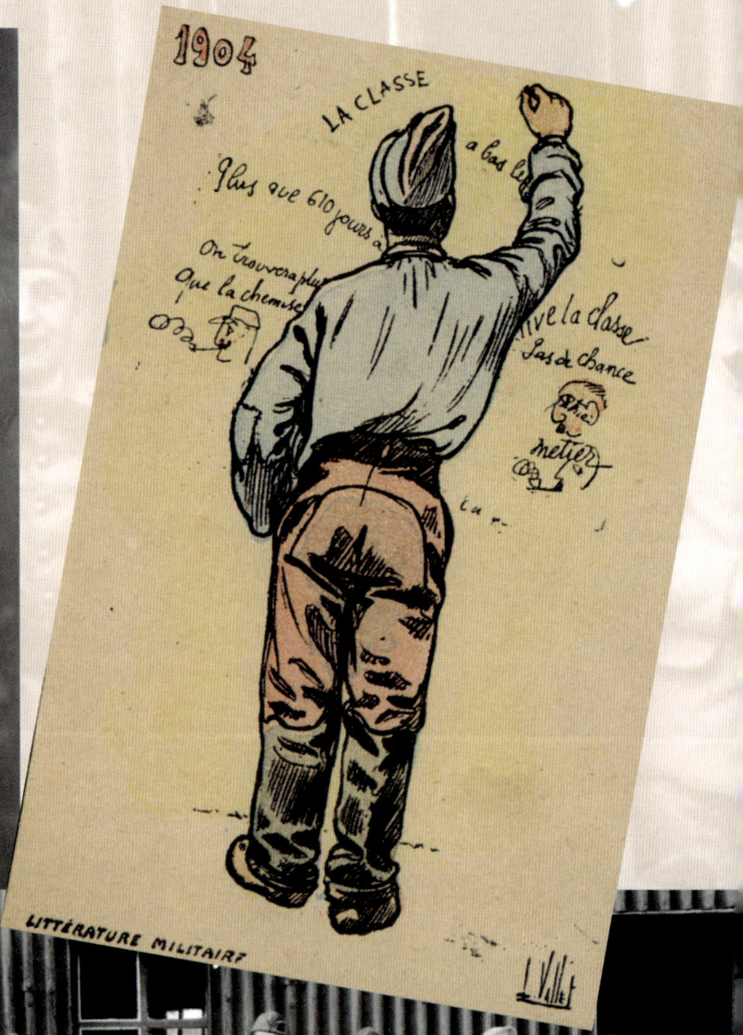
1904
LA CLASSE
Plus que 610 jours à
Vive la classe
pas de chance
metier
LITTÉRATURE MILITAIRE

1904
Aujourd'hui

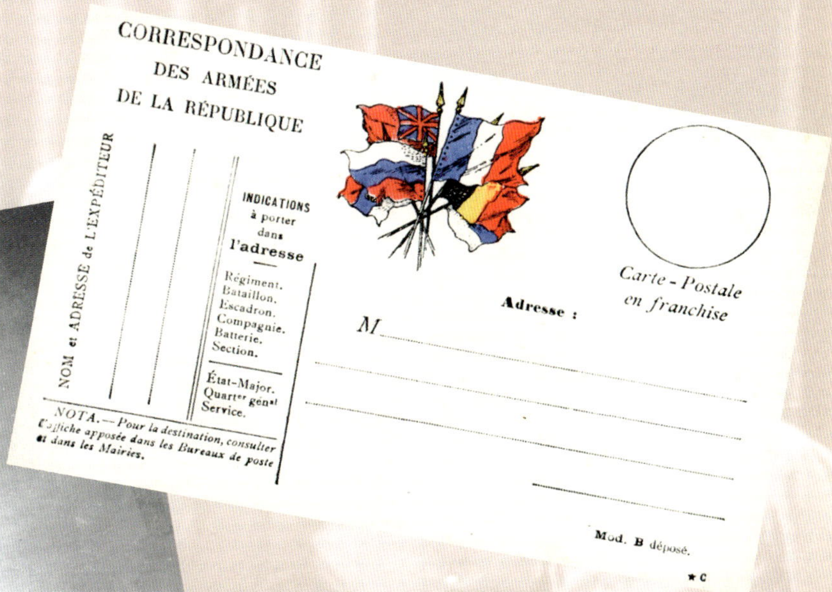
CORRESPONDANCE
DES ARMÉES
DE LA RÉPUBLIQUE

NOM et ADRESSE de L'EXPÉDITEUR

INDICATIONS
à porter
dans
l'adresse

Régiment.
Bataillon.
Escadron.
Compagnie.
Batterie.
Section.

État-Major.
Quart^{er} gen^{al}
Service.

NOTA. — Pour la destination, consulter l'affiche apposée dans les Bureaux de poste et dans les Mairies.

Carte - Postale
en franchise

Adresse :
M.

Mod. B déposé.

★ C

Ces images font revivre un temps, pas si lointain, où évoquer ses souvenirs militaires faisait partie du quotidien masculin.

ENFIN, LA QUILLE !

La quille en cuivre, symbole fabriqué en 1961, par Jean-Claude B. soldat dans l'Armée de l'air.

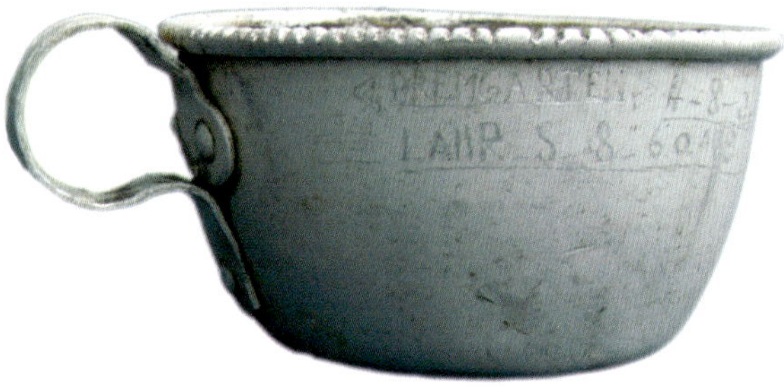

Le quart de soldat constituait un accessoire essentiel de la panoplie du « trouffion » qui l'utilisait pour le vin, le café ou la gnôle. Sur le bord de celui-ci, le deuxième classe Jean-Claude B. a marqué, mois après mois, le temps passé « au jus ». Autant d'entailles que de mois sous les drapeaux, soit 28 mois – du 04 août 1959 au 09 novembre 1961.

Ci-contre, on était contents de partir, mais on l'était encore plus de revenir au pays ! Ces longs mois de vie commune avaient forgé des amitiés durables et des souvenirs pour la vie que l'on ne se lasserait pas de raconter, encore et encore, à chaque retrouvailles.

Le service militaire était si long que, pendant une grande partie de son temps sous les drapeaux, le soldat ne pensait même pas au retour au pays, tant l'échéance lui paraissait lointaine. Ce n'est que les derniers mois qu'il commençait à compter les jours avec plus d'attention : « 200 jours au jus ! » ; « 150 jours au jus ! »... Enfin arrivait le 100e jour au jus, le jour tant désiré du Père Cent ! Un cap, une porte qui s'entrouvrait vers la liberté ; un événement qu'on fêtait comme il se doit : banquet, beuveries, chansons de corps de garde, visites à « ces dames »... Rien n'était trop beau pour enterrer en grande pompe ce sacré Père Cent, personnifié parfois par un des soldats « libérables ». On portait en cortège son cercueil à travers la caserne, l'occasion de faire la quête auprès des bleus ou des officiers compréhensifs.

Les derniers jours avant la libération, le vin coulait à flots. Les heureux élus arboraient fièrement une quille, généralement en bois, autour du cou, symbole de leur prochain départ, quille fabriquée par les plus habiles ou achetée dans les boutiques avoisinant les casernes. L'origine de ce symbole reste obscure : selon certains cela viendrait du nom porté par le bateau qui ramenait de Guyane les forçats ayant purgé leur peine.

Pour d'autres, il ferait référence à l'expression populaire « prendre ses quilles (ses jambes) à son cou », d'autres encore voient là un symbole phallique... Dans l'armée de l'air, la quille était généralement ornée d'une paire d'ailes.

« Zéro au jus ! » : le retour soudain à la vie civile demandait un temps de réadaptation ! Retrouvailles avec les êtres chers, avec ses anciens repères. Les anciens gestes revenaient vite : quel bonheur d'atteler à nouveau le cheval et de saisir les mancherons de la charrue ! Quelle émotion de lancer à pleine volée les grains prometteurs des récoltes futures ! Quelle impatience d'aller retrouver, le dimanche, à l'assemblée du village, les filles de son âge ! Car maintenant que le service était terminé, qu'on avait « fait son temps », il fallait penser à se marier et à fonder une famille.

LE MARIAGE

DE LA NÉCESSITÉ DE SE MARIER

Peut-être l'un des meilleurs moments avant le mariage, quand l'on se fait la cour et que l'on croit encore possible d'épouser l'élu de son cœur..., jusqu'à ce que les parents en décident autrement. Deux cartes postales datant du début du XXe siècle : ci-dessus, idylle au champs ; ci-contre, les jeunes gens se font la cour comme des tourterelles.

À la campagne, se marier faisait partie de l'ordre naturel des choses, c'était une étape incontournable de la vie d'homme et de femme, un acte indispensable pour assurer la descendance et garantir la pérennité de l'exploitation agricole.

Passé un certain âge, les célibataires étaient considérés avec un peu de mépris, voire avec suspicion, puisqu'ils n'entraient pas dans la norme sociale.

« Vieille fille, vieille guenille ;
Vieux garçon, vieux couillon ! »

Les expressions populaires n'étaient pas tendres pour ceux qui ne convolaient pas en justes noces.

Après vingt ans, la femme non mariée comptait avec anxiété les mois qui la séparaient de son vingt-cinquième anniversaire, le jour où, comme on disait, elle « coifferait Sainte-Catherine » ! Elle savait qu'elle entrerait alors dans la catégorie peu enviée des « vieilles filles », un qualificatif qui la suivrait tout au long de son existence. Car, même à la cinquantaine, la femme célibataire serait toujours affublée de cette affreuse étiquette de vieille fille ; elle ne deviendrait jamais une « femme » à part entière.

Exposée aux railleries, aux quolibets, elle passerait aux yeux de son entourage pour celle qui avait été délaissée, rejetée par la gent masculine, celle dont personne n'avait voulu. Confrontée aux reproches plus ou moins avoués de ses parents, la malheureuse finissait par en éprouver un sentiment de culpabilité.

La société ne portait pas un regard aussi dur sur l'homme non marié même si, lui aussi, serait toute sa vie un « vieux garçon », devenant avec le temps un « célibataire endurci ».

Dans ces conditions, les filles qui voyaient avec angoisse les années passer étaient prêtes à tout tenter pour trouver un mari. Et d'abord, bien entendu, à demander l'aide de certains saints ou saintes comme Catherine d'Alexandrie : « *Sainte Catherine, aidez-moi. Ne me laissez pas mourir célibataire. Un mari, sainte-Catherine, un bon si possible ; mais plutôt un que pas du tout.* »

Près de Lamalou-les-Bains, la chapelle dédiée à sainte Anne la Marieuse ne manquait pas de visites. Dans le Morvan, les filles priaient sainte Solange, tandis qu'en Brie elles s'adressaient à sainte Marguerite.

À Gargilesse, dans le Berry de George Sand, les femmes en mal d'époux venaient piquer avec une épingle le nez de saint Greluchon ou, tout au moins, ce qu'il en restait, tant le pauvre avait été sollicité.

Les Tourangelles, pour leur part, dirigeaient leurs épingles sur le genou de saint Christophe dont la statue géante (plus de quatre mètres de haut) trônait dans l'église paroissiale de Saint-Christophe-sur-le-Nais. Pour augmenter leur chance, ces mêmes Tourangelles pouvaient aussi faire trois fois le tour de la chapelle Notre-Dame-du-Chêne à Beaumont-Village, mais... à genoux ! Dans l'Aveyron et en Auvergne, le jeune homme qui désirait se marier portait sur lui de l'herbe de « matagot » (la mandragore), qui possédait le pouvoir de « faire courir les filles après les garçons ». La jeune femme, quant à elle, s'arrangeait pour glisser quelques brins de cette herbe aphrodisiaque dans le chapeau ou dans la poche de celui qu'elle convoitait.

Il y avait aussi la possibilité, pour les uns et les autres, de faire appel à un sorcier renommé pour la confection de philtres d'amour réputés infaillibles !

Dans le monde rural, les jeunes gens avaient plus d'occasions de se rencontrer que dans les villes, lors des travaux en commun dans les champs au moment de la fenaison, des moissons, des vendanges ou au cours des veillées pendant les longues soirées d'hiver. Ils se retrouvaient aussi aux bals organisés pour les « assemblées ». Les danses permettaient des rapprochements complices, sous l'œil attentif des mères venues chaperonner leurs filles.

D'ailleurs, on se mariait presque toujours entre jeunes gens d'un même village ou de villages limitrophes.

Un proverbe n'affirmait-il pas que « celui qui prend la fille du voisin en connaît tous les défauts », ce qui le mettait à l'abri de toute mauvaise surprise !

Dans le Marais poitevin et dans le Bas-Poitou existait une curieuse coutume, une sorte de foire aux célibataires, le « maraîchinage ». À Challans par exemple, certains jours de l'année, les filles à marier allaient « pêcher le galant » : un grand parapluie bleu sous le bras, elles se promenaient dans les rues. Les gars des environs en quête d'épouse faisaient leur choix et abordaient, sans ambages, celle qui leur plaisait. Si l'élue était consentante, la discussion s'engageait et pouvait même se prolonger dans un endroit tranquille, le grand parapluie bleu protégeant des regards indiscrets.

A la barrière de l'enclos, les beaux jours sont propices aux déclarations timides. Quelques pétales de marguerites diront le reste.

LES « ACCORDAILLES »

Au coin du feu ou sur le pas de la porte, les pourparlers vont bon train. Le coup d'œil paternel juge d'emblée le prétendant, quand la mère évalue discrètement la constitution de la « promise ». Si l'on tombe d'accord, s'ensuivra un repas de fiançailles au cours duquel les célibataires pourront choisir une cavalière pour le jour de la noce.

Dans la société rurale de jadis, le mariage ne se limitait pas à l'union de deux jeunes gens. Il s'agissait aussi de l'alliance de deux familles qui ne perdaient jamais de vue les questions d'intérêts. Le prétendant ou la prétendante devaient être acceptés par les futurs beaux-parents, d'autant que, le plus souvent, ils devraient cohabiter.

Tout commençait par la demande en mariage effectuée par le soupirant, accompagné parfois de son père. Pour cette délicate démarche, les deux hommes s'étaient mis sur leur trente et un et avaient bien brossé les poils de la jument qui tirait la carriole. Mieux valait faire la meilleure impression possible sur les parents de la fille dont on espérait obtenir la main.

Par précaution, pour ne pas recevoir un refus trop brutal, on n'abordait jamais directement le but de la visite. Les hôtes, qui n'étaient nullement dupes, jouaient le jeu. On prenait son temps, on discutait de la pluie et du beau temps, des récoltes à venir, du mauvais état des chemins... Dans ce monde paysan, avare de paroles, on savait se comprendre à demi-mots, par des gestes, par des attitudes, par tout un code propre à chaque région. Il s'agissait de ménager la susceptibilité de chacun, d'éviter que l'un des deux camps perde la face.

Comme y t'aime mon beau Justin,
Qu'té bia, qu'ta la guoule bé faite,
Quand dans tes bras tu m'tiens
A maraichiner y sé prête.

En Auvergne, par exemple, si la maîtresse de maison sortait des œufs et commençait à préparer une omelette, le prétendant pouvait être rassuré : il aurait la main de la fille ! Il en allait de même si, en Bretagne, on lui proposait de manger des crêpes ou si le futur beau-père remettait une bûche dans la cheminée, signe qu'on avait envie de poursuivre la conversation.

En revanche, lorsque, en entrant dans la maison, le jeune homme apercevait une assiette ou une poêle retournées sur la table, il comprenait immédiatement que sa cause était perdue : il repartirait sans avoir formulé l'objet de sa visite.

Dans certaines provinces, pour ne pas subir l'humiliation d'un refus, on faisait appel à un intermédiaire chargé de transmettre la demande, parfois le curé ou une vieille cousine. Dans le Finistère, au cours de sa mission, cet entremetteur, le *baz valan*, tenait à la main une baguette de genêt, cela permettait de l'identifier immédiatement et de connaître la raison de sa visite.

La demande acceptée, il restait à fixer un jour pour les « accordailles » : les parents devaient mettre au point la cérémonie des noces et surtout aborder avec précision les conditions matérielles de la future union. La plupart du temps, les « promis » allaient signer un contrat en bonne et due forme devant le notaire afin que soient recensés dans le détail les biens apportés par chacun.

Les accordailles pouvaient être confondues avec les fiançailles. Dans les deux cas, il s'agissait d'une étape importante puisqu'elle rendait officielle la liaison entre les deux jeunes gens. Ils pouvaient désormais « se fréquenter » au grand jour, sortir ensemble aux fêtes du village, se donner la main, être invités dans les deux familles...

« *Les fiançailles durent souvent des années. Les promis vont se parler, le matin ou le soir, le long d'une haie mitoyenne ou à l'ombre des arbres qui ombragent le lavoir. Leurs entretiens sont généralement très laconiques et très réservés. Ils ne se disent pas grand'chose ; tout leur plaisir consiste à se regarder et à se frôler doucement l'un contre l'autre.* »

(André Theuriet, *La Vie rustique*, 1888)

Chaque région avait ses marieurs (sortes d'agents matrimoniaux) bien connus de tous. Carte envoyée en 1936.

Les épouseux du Berry: à leur arrivée dans les familles, une collation copieuse augurait d'une issue favorable à leur démarche.

LE CHOIX D'UNE DATE

Le maraîchinage est un baiser « bouche à bouche ». En vigueur dans le marais vendéen uniquement, cette pratique avait lieu à l'abri des regards indiscrets et scellait, en quelque sorte, une promesse de mariage entre les deux protagonistes.
Elle fut abandonnée au début du XXe siècle.
Il restait, pour s'unir, à déterminer un moment hors de ces périodes d'intense activité. Les fiancés iraient ensuite « prier » les invités à la noce.

Le choix d'une date pour la célébration du mariage tenait compte d'impératifs imposés par la religion ou par les travaux agricoles.

L'Église interdisait les mariages pendant les périodes de jeûne et d'abstinence : l'Avent (un mois avant Noël) et le Carême (quarante jours avant Pâques). D'autre part, la tradition déconseillait vivement de s'unir pendant le mois de mai, et divers dictons étaient là pour le rappeler :

« *Mauvaise femme s'épouse en mai.* »

« *Noces de mai, noces mortelles.* »

« *Mariages de mai ne fleurissent jamais.* »

On prétendait que les enfants nés d'un couple marié en mai (le « mois des ânes », dans les Pyrénées), seraient idiots ou fous. Cette superstition remontait à l'Antiquité, chez les Romains, le mois de mai étant consacré à honorer les morts.

À la fin du XIXe siècle, en décidant que le mois de mai serait le mois de Marie, l'Église renforça cette vieille coutume et lui donna un sens religieux : ce n'était pas le moment opportun pour ces jeunes filles, pendant cette période vouée à la virginité, de perdre leur « pureté » originelle.

En cas d'urgence cependant, quand les jeunes gens trop empressés avaient « fêté Pâques avant les Rameaux » (expression signifiant qu'ils avaient commis le « péché de chair »), des dispenses pouvaient être accordées à condition que le mariage s'effectue dans la discrétion et sans réjouissances.

Pour des raisons pratiques, on ne convolait pas non plus en justes noces au cœur de l'été, saison qui accaparait les paysans pour les gros travaux des champs : fenaison, moisson... On préférait attendre la morte saison : novembre (après les vendanges), ou janvier-février (avant le Carême), ou encore le début de juin.

« *C'était en hiver, aux environs de Carnaval, époque de l'année où il est séant et convenable de faire les noces. Dans l'été, on n'a guère le temps, et les travaux d'une ferme ne peuvent souffrir trois jours de retard, sans parler des jours complémentaires affectés à la digestion plus ou moins laborieuse de l'ivresse morale et physique que laisse une fête.* » (George Sand, *La Mare au diable*)

Pour la cérémonie, on évitait, bien sûr, le vendredi, jour maigre (en souvenir de la mort du Christ). Comme la fête se prolongeait au moins sur deux jours, le jeudi était également délaissé tout comme le samedi, veille du dimanche (« jour du Seigneur »). Le choix s'avérait donc assez réduit : lundi, mardi ou mercredi passaient pour les jours les plus favorables.

Une fois la date arrêtée, le curé était tenu d'annoncer le mariage en chaire au cours de la grand-messe, trois dimanches consécutifs. C'était la publication des bans, instituée par le concile de Trente : elle devait permettre aux personnes ayant connaissance d'un éventuel empêchement au mariage de le signaler (si, par exemple un des époux était déjà marié ailleurs, s'il existait un lien de parenté trop proche entre les futurs conjoints, etc.)

L'affichage des bans à la mairie était également obligatoire car, depuis 1802, le mariage civil devait nécessairement précéder la cérémonie à l'église.

Costumes de mariés de Bourg-de-Batz, au pays de Guérande (Loire-Atlantique), 1910.

DE LONGS PRÉPARATIFS

Costumes bretons des mariés de la région de Quimper. Carte postale datant de 1907. Richement brodés, ils comptent parmi les plus somptueux des provinces de France.
Chez les plus aisés, la mariée pouvait porter jusqu'à trois tenues différentes durant les trois jours de festivités.

Plus le jour de la noce approchait, plus la fébrilité grandissait dans l'entourage des futurs mariés, surtout chez la jeune fille, car c'était généralement au domicile de ses parents que se déroulaient les festivités.

Il fallait veiller à ne rien oublier : acheter les alliances, retenir les musiciens, trouver dans le voisinage des femmes pour préparer le repas et servir à table ; aller inviter oralement, le soir après le travail ou le dimanche, les membres des deux familles. Pour les parents les plus éloignés, on devait prendre la carriole ou, comme dans le Queyras, s'y rendre sur un cheval, la fiancée montée en croupe derrière son futur époux...

Il fallait surtout s'occuper de la robe de la mariée, confectionnée par la couturière du village, cette tenue exceptionnelle que la jeune femme ne porterait qu'une seule fois dans sa vie. La tradition de la robe blanche n'apparut que dans les dernières années du XIXe siècle, sous l'influence de l'Église, et se généralisa avec la diffusion du dogme de l'Immaculée Conception. Auparavant, aucune couleur ne prévalait et la mode variait d'une province à l'autre. La robe noire, par exemple, s'imposait dans certaines régions comme la Lorraine, les Pyrénées ou le Jura. Ailleurs, le rouge dominait.

En Périgord, le bouillon de la mariée, **la caboussa,** *est censé donner vigueur aux nouveaux époux. Carte postale datant de 1903.*

Mariée landaise, dont le voile retenu par la couronne et la ceinture blanche sont les seules parures nuptiales. Carte postale datant de 1908.

Mariés bretons traditionnels, 1907 : tablier richement brodé pour elle, veston aux « mille boutons » pour lui.

« Noce aux Marais Vendéens », 1906.
Cadeaux modestes mais utiles pour qui se « monte en ménage » : ustensiles, balai, marmite, pot de chambre.

(Touraine, Berry...). En Bretagne, la mariée portait plutôt un corsage et une jupe et, bien sûr, la coiffe de son pays.

En même temps que la tradition de la robe blanche, les mariées prirent l'habitude de porter, sur la tête, une couronne de fleurs d'oranger et un voile de plus en plus long, symboles de pureté et de virginité. La robe blanche était interdite aux filles mères. Le dimanche qui précédait le « grand jour », les jeunes gens invités à la noce se réunissaient au domicile de la fiancée pour confectionner les roses en papier destinées à décorer la salle du banquet et les alentours de la maison, en particulier les sapins plantés au début du chemin qui menait à la ferme et à l'entrée de la cour.

En Vendée, quelques jours avant ses noces, le futur marié réunissait ses amis pour fêter la fin de sa vie de garçon d'une curieuse façon. Au cours d'une soirée bien arrosée, il procédait à un rite original : l'enterrement d'un « cercueil à fillettes ». Fabriqué pour la circonstance, ce cercueil en bois était rempli de petites bouteilles de vin (les « fillettes ») et enterré dans un coin du jardin, recouvert d'un monticule de terre et surmonté d'une croix. Plus tard, après la naissance de son premier enfant, le nouveau père de famille réunirait à nouveau ses amis pour déterrer le cercueil et boire, en leur compagnie, le contenu des fillettes.

La veille du mariage, dans beaucoup de régions, on procédait au transport de l'armoire de l'épousée, remplie de son trousseau, jusqu'à son nouveau foyer. Le voyage se faisait dans une charrette décorée sur laquelle trônait la future épouse, entourée d'une joyeuse escorte.

Les cousins qui habitaient loin, qu'on n'avait pas vus depuis un précédent mariage ou depuis le dernier enterrement, étaient déjà là, débarqués d'un train ou venus en carriole et faisaient, avec le maître de maison, le tour de l'exploitation.

Tous regardaient le ciel avec anxiété pour deviner le temps qu'il ferait le lendemain car, en cas de pluie, les mauvaises langues ne manqueraient pas d'en déduire que la mariée n'avait pas été sage et qu'elle avait « cassé sa marmite » (perdu sa virginité) avant l'heure. D'autres, pour la consoler, ne cesseraient de lui répéter le dicton de circonstance : « *mariage pluvieux, mariage heureux.* »

Coffret de parure pour la mariée, 1950.

Les tissus vendus au mètre, comme le lin, le chanvre, le fil, le métis étaient taillés à la maison pour monter le trousseau. Pour les tabliers ordinaires, les couleurs foncées s'imposaient.
Arrivant dans sa carriole bâchée, le colporteur, accompagné parfois de sa famille, s'installait au bourg. Il savait comment se renseigner sur les mariages, les naissances et les baptêmes prochains. Autant d'occasions pour les paysannes de s'offrir quelques pièces de trousseau, rubans, soies ou dentelles... toutes ces fanfreluches qui, le dimanche, feraient sermonner le curé du village. Messager des modes les plus répréhensibles de la ville, introducteur de la coquetterie et source de péché, c'était pourtant lui que les femmes attendaient secrètement.

Louis et Georgette, en 1917.

Daniel et Marie, le 16 avril 1921.

Les serveuses aussi ont droit à la photo souvenir, prise devant la tente improvisée pour le repas. La pose sera brève : belle-maman veille au bon déroulement du service.

LE JOUR DES NOCES

Dans les années 1930, la mode est au satin blanc pur pour la robe, et aux fleurs d'oranger pour la couronne.

Enfin, le jour tant attendu arrivait ! Comme tous les matins, on n'oubliait pas de nourrir les bêtes ; on leur donnait même un peu plus que d'habitude, de façon qu'elles aussi participent à la fête.

Les invités se présentaient les uns après les autres chez les parents de la mariée, les bras chargés de cadeaux. Dans le Val de Loire, les parrains et marraines étaient tenus d'offrir un cadeau plus important, le « cochelin » (ménagère, service de table, meuble, linge...)

Dans la cour de ferme, proprement balayée, on s'embrassait, on plaisantait, on trinquait en mangeant un morceau de galette, des tartines de rillettes ou quelques rondelles de saucisson. La journée serait éreintante : mieux valait prendre ses précautions.

Pendant ce temps-là, dans sa chambre, la mariée se préparait avec l'aide de sa mère et de la couturière. Cette tâche particulièrement longue et minutieuse se déroulait à l'abri des regards des invités et surtout de celui du fiancé qui, mal à l'aise dans son costume trop serré et ses souliers trop neufs, cachait mal son impatience.

Mais, lorsque l'héroïne du jour apparaissait tout de blanc vêtue, elle était saluée par des applaudissements et des cris admiratifs.

La noce se rendant à l'église : le droit de passage permet aux enfants de réclamer quelques piécettes.
Carte postale illustrant les coutumes bretonnes, 1905.

Le cortège quitte l'église, c'est un beau mariage des années folles.

L'heure du départ approchait. Le garçon et la fille d'honneur organisaient le cortège. En tête venait, la mariée conduite par son père (qui n'avait pas manqué de glisser une pièce de monnaie dans la chaussure de sa fille en guise de porte-bonheur). Derrière, les couples de jeunes gens, savamment composés afin que certains puissent, peut-être, trouver leur futur conjoint ou leur future femme. Le marié et sa mère fermaient la marche. Parmi toute cette foule endimanchée, on reconnaissait les parrains et les marraines au nœud blanc épinglé à leur veston ou à leur chapeau.

Si la ferme était loin du bourg, des tables dressées de distance en distance, garnies de bouteilles et de gâteaux, permettaient aux plus fatigués de reprendre quelques forces.

À propos de ces cortèges nuptiaux, Laisnel de la Salle (1801-1870), l'écrivain berrichon, relate, dans *Croyances et légendes du centre de la France*, une étrange coutume :

« *Aux environs d'Éguzon, on porte devant la fiancée, lorsque le cortège est en marche, une poule blanche choisie autant que possible dans la basse-cour de la jeune fille. De temps en temps, on fait crier la pauvre bête en lui arrachant quelques plumes [...]. Cette poule blanche est certainement l'image de l'innocence et de la chasteté, car dans les Vosges, où cet usage était autrefois connu, on refusait l'hommage de la poule blanche à toute mariée dont la réputation était équivoque. À Éguzon, on finit par tuer à coups de bourres de pistolet l'inoffensif animal...* »

La noce berrichonne. Le musicien de service (violoneux, joueur de vielle, de biniou, de bombarde ou d'accordéon) donnait le signal du départ : la noce se mettait en branle.

Jean Rameau (1852-1931), sabotier à Bourges, est connu comme l'auteur de chansons d'inspiration régionale qu'il diffusait en se produisant lors des fêtes, accompagné de musiciens, et grâce à l'édition de cartes postales. Ces cartes sont aujourd'hui très prisées des collectionneurs, celle-ci date de 1905.

UNE SI BELLE CÉRÉMONIE

Noce bretonne au pays de Cornouailles : les invités. *Ils portent le costume traditionnel breton. Carte postale datant de 1906.*

À la mairie du village, la salle des mariages, trop exiguë, ne pouvait contenir toute la noce. Une partie des invités attendait à l'extérieur en discutant gaiement. Le maire, ceint de son écharpe tricolore, lisait les articles du code civil qui rappelaient à la mariée son rôle d'épouse et de mère et en particulier qu'elle « devait obéissance à son mari ». L'article 214 précisait : « *La femme est obligée d'habiter avec le mari, et de le suivre partout où il juge à propos de résider.* »

Elle était prévenue ! Le chef de famille, c'était l'homme !

Puis l'officier municipal n'omettait pas de féliciter chaleureusement les nouveaux époux avant d'embrasser la mariée.

Pour se rendre à l'église, le cortège défilait devant les curieux sortis sur le pas de leur porte pour voir passer la noce et commenter les toilettes des uns et des autres.

La cérémonie religieuse paraissait parfois bien longue à certains hommes, peu habitués à fréquenter les lieux de culte, et le curé n'hésitait pas à s'interrompre pour rappeler à l'ordre les assistants trop bruyants. Dans son sermon, il expliquait aux nouveaux époux le sens du mariage chrétien, un sacrement auquel seul Dieu pouvait mettre fin : « *Ce que Dieu a uni, que l'homme ne le sépare point !* ».

*Le passage du cortège dans les rues du village constituait toujours un spectacle prisé des curieux et curieuses.
Ici, dans les années 1950.*

Repas de noce bretonne servi à l'extérieur. On a dressé des échelles en guise de bancs ; le bouquet de la mariée a été posé au bout de la « table d'honneur ». Autour de 1910.

Absence totale de décor pour ce portrait réalisé en 1903. Ces jeunes époux solognots sont cependant très beaux dans leur touchante simplicité. On a même oublié de ranger les seaux derrière la mariée !

Le globe protège le bouquet et la couronne de la mariée, posée sur un coussinet de velours rouge. La mère du marié, qui offrait le globe, indiquait à sa bru par les petits miroirs, le nombre d'enfants qu'elle désirait voir naître de cette union nouvelle. Ici, on en compte au moins six. Fin du XIXe siècle.

Et l'homme d'église d'insister, lui aussi, sur la place de chacun dans le couple : « *l'homme est le prince de la famille et le chef de la femme...* » (Encyclique de Léon XIII).

Le moment le plus attendu par tous était celui du consentement des époux et de l'échange des alliances devant les témoins invités à observer la scène. On guettait tout particulièrement l'instant où le jeune homme allait glisser l'anneau au doigt de sa promise : s'il devait s'y reprendre à deux fois, c'était le signe que, malgré les injonctions du prêtre, ce serait elle qui « porterait la culotte » ! Les invités regardaient aussi avec attention les deux cierges allumés sur l'autel ; si celui de droite (côté du marié) s'éteignait le premier, cela prédisait que le mari précéderait sa femme dans la tombe.

Après la signature des registres dans la sacristie, les deux époux désormais unis « pour le meilleur et pour le pire » sortaient de l'église, tandis que les cloches sonnaient à toute volée. Ici, on leur jetait des grains de blé ou des épis, symboles de fécondité, là, des fleurs... Dans le Languedoc, c'était des grains de riz...

Toute la noce se retrouvait pour l'inévitable photographie de groupe qui immortaliserait cette journée historique. Le professionnel venu de la ville voisine avait bien du mal à mettre en place et à discipliner cette joyeuse et remuante assemblée. Au centre, les mariés, encadrés par leurs parents respectifs, puis les garçons et filles d'honneur, les parrains et marraines, les grands-parents. Les plus jeunes, grimpés au dernier étage des gradins installés pour la circonstance, n'étaient pas les moins remuants. Souvent, dans un coin, se tenait le musicien avec son instrument. Le photographe disparaissait sous son voile noir, demandait deux secondes d'attention. L'image était figée pour toujours sur la plaque sensible : l'oncle Gaston resterait à jamais avec, derrière la tête, les deux doigts levés en forme de cornes d'un cousin facétieux, la tante Justine garderait éternellement son chapeau de travers et le cousin René sa bouche grande ouverte !

Cette formalité accomplie, la mariée, entourée des jeunes filles célibataires, jetait son bouquet à l'aveuglette : celle qui l'attraperait serait la prochaine épousée.

Le retour à la ferme s'effectuait d'un bon train car chacun avait hâte de se mettre les pieds sous la table, le banquet constituant pour bien des invités le point fort de la noce.

Le « grand orchestre » Electric Jazz *animait le bal donné à Aigueperse (Puy-de-Dôme) à l'occasion de cette union nouvelle. Surprenante prestation musicale en campagne auvergnate ! Dans les années 1920, le jazz était en vogue jusque dans les provinces françaises.*

Le groupe de la noce est réuni devant la grange, un décor quotidien, rangé et nettoyé pour l'occasion. Les plus jeunes et les plus agiles se sont perchés sur une charrette servant d'estrade. Les musiciens en profitent pour faire des pitreries, ce qu'on ne découvrira qu'une fois la photo développée et commentée par toute la famille.

Les couples posent dans une attitude étonnamment semblable. Lui à droite, tient ses gants blancs ; elle à gauche, coiffée d'une aérienne couronne posée sur le bas du front. La photo est prise à l'extérieur, dans l'enceinte de la ferme si le temps le permet, ou chez le photographe si on peut s'offrir la pose au studio. Sur l'image ci-dessous, on remarque que deux sœurs se sont mariées le même jour, par souci d'économie.

DÉJEUNER

Les Hors-d'Œuvre Variés
La Langouste de l'Océan à la Parisienne
La Timbale de Foie Gras Truffé
Le Salmis de Canetons Portugaise
Les Asperges du Pays sauce Mousseline
Le Baron d'Agneau rôti Cresson
Les Cœurs de Laitues à l'Huile

DESSERTS

Le Savarin au Rhum des Iles
Les Tartes aux Mirabelles de Lorraine
La Marquise de Brioche
Les Petits Fours Frais
La Coupe de Fruits

VINS

Clos des Perrets en Carafe
Bourgueil 1931
Médoc 1928
Montlouis 1929
Café - Vieille Liqueur

DINER

Crème d'Argenteuil
La Truite Saumonée sauce Hollandaise
Le Vol-au-Vent Toulousaine
Le Cœur de Filet du Charollais Richelieu
Les Petits Pois Française
Le Poulet Nouveau rôti Cresson
La Salade Mimosa

DESSERTS

La Charlotte à la Russe
La Pièce Montée en Nougats
Les Petits Fours Glacés
La Macédoine de Fruits au Kirsch

VINS

Clos des Perrets en Carafe
Bourgueil 1928
Châteauneuf-du-Pape 1928
Saumur 1930
Café - Vieille Liqueur

Cigogné, le 28 Avril 1936.

GAUCHER-LOUAULT, Traiteur, Bléré.

Bien que prévus pour un mariage paysan, certes aisé, ces menus seront servis le même jour, le 28 avril 1936. On savait faire honneur aux invités pour le mariage de sa fille unique, madame, en ce temps-là !

MENU

B. C.

Dîner du 9 Juin 1927

Consommé aux Perles
Bouchées Petite-Princesse
Asperges en Branches
Filet de Bœuf Sauce Madère
Médaillons de Veau aux Petits Pois
Poulets de Grains
Salades de Saison

DESSERT

Crême Vanillée
Biscuits de Savoie
Tartes aux Prunes
Gâteaux Secs Mélangés
Croquembouches, Coupes de Fruits

VINS

Rouge et Blanc ordinaire
Blanc Bouché Clos de la Claie

Thé - Café - Liqueurs

Librairie REYMOND, Loches.

MENU

DÉJEUNER

Consommé Brésilien
Langouste Glacée à la Parisienne
Petits Pâtés Truffés
Noisette d'Agneau
Haricots Verts Maître d'Hôtel
Dindonneau Rôti Cresson
Salade de Saison

DESSERTS

Choux Grillés à la Chantilly
Blérois Assortis
Petits Gâteaux Frais
Coupes de Fruits
Café - Liqueurs

VINS

Touraine en Carafe
Médoc 1928
Gravellette 1926

Cigogné, le 18 octobre 1932.

G. TULONG, Traiteur, Bléré.

L'ART DE « FAIRE LA NOCE »

Un groupe de cuisinières dévouées pourvoie aux agapes des convives, qui peuvent être plusieurs centaines. Ici en Bretagne, les femmes portent la soupe grasse de midi, préparée dans la grange. Autour de 1905.

Plusieurs séries de cartes postales ont illustré de gigantesques et mémorables noces bretonnes dont voici une illustration datant de 1904.

Pour le banquet, les invités prenaient place autour d'une longue table en fer à cheval, improvisée à l'aide de planches et de tréteaux, dans la grange aux murs tendus de draps blancs piquetés de roses en papier, de fleurs des champs et de feuillages.

« *Le marié et la mariée se placent l'un près de l'autre au haut bout. Autour d'eux se rangent les notables et les anciens. La jeunesse, filles et garçons, est placée en face, et c'est surtout ce côté de la table qui est tapageur et joyeux. Tout à l'extrémité, on case le petit monde : les enfants et les gens sans conséquence.* » André Theuriet, *La Vie rustique*, 1888.

Le repas de noce, pantagruélique, représentait une véritable épreuve pour les estomacs et se prolongeait jusque tard dans la nuit. « *Les vieux ne quittèrent pas la table pendant quatorze heures* », constatait George Sand à propos d'un mariage dans son Berry natal.

La liste des plats qui se succédaient était impressionnante : potages, entrées variées, cochonnailles, poissons, plats de viande, volailles, salades, divers desserts, fruits... Peu à peu, au XXe siècle, va s'imposer une habitude venue de la ville : la pièce montée de choux à la crème surmontée d'un couple de mariés en matière plastique.

Les villageois offrent aux nouveaux époux les traditionnels gâteaux, bretons et de taille impressionnante !

En Auvergne, La bourrée de la mariée, *illustration de A. Rabanol, au son de la vielle. Fin du* XIXe *siècle.*

Et pour arroser le tout : du vin mis en bouteille par les parents les bonnes années et précieusement conservé dans la cave pour les grandes occasions.

Pour permettre aux noceurs de souffler un peu entre deux plats, les plus hardis se lançaient à pousser la chansonnette ou à raconter des histoires grivoises qui faisaient pouffer les hommes et rougir les femmes.

Dans beaucoup de régions, aussi bien en Bretagne qu'en Sologne, en Berry que dans la Sarthe, la « chanson de la mariée », avec ses couplets mélancoliques et ô combien réalistes, marquait une parenthèse dans le tapage et les rires de la salle.

Et chacun de lever son verre en l'honneur des époux ! La gaieté reprenait vite le dessus... Soudain, la mariée poussait un cri de surprise. Le garçon d'honneur avait réussi à se glisser sous la nappe et venait de lui arracher sa jarretière, trophée qui faisait l'objet d'une vente aux enchères au profit du nouveau couple.

Après le café et le pousse-café, le musicien, saisissant son instrument, annonçait le début des danses : bourrées, branles, farandoles, scottishs, valses... La mariée ouvrait le bal dans les bras de son père ; elle aurait à cœur, ensuite, de faire danser à tour de rôle chacun des invités.

Plusieurs couples peuvent se marier le même jour, donnant lieu à des rassemblements considérables. Ici, les invités entament une danse après le repas. Autour de 1905.

Les plus âgés, le ventre trop lourd pour se livrer à ces exercices, préféraient se lancer dans d'interminables parties de cartes.

Lorsque la fatigue se faisait sentir et que l'ambiance retombait, des intermèdes burlesques, comme la danse du balai ou du tapis, permettaient de réveiller l'assemblée car il fallait tenir jusqu'au bout de la nuit.

Avant la fin du bal, les mariés avaient réussi à s'éclipser pour aller terminer leur nuit de noce dans un endroit secret. Mais ils savaient que leur nouvelle intimité serait de courte durée. En effet, au petit jour, les jeunes gens de la noce finissaient par trouver leur refuge. Ils venaient les déloger et leur apporter la « rôtie », une sorte de soupe au vin sucré servie dans un authentique pot de chambre acheté pour cette occasion. Inutile de dire que les pauvres mariés étaient l'objet de mille quolibets et d'allusions égrillardes.

Après ce déjeuner, dans le Bas-Berry, avait lieu la « cérémonie du chou ». Ce légume, considéré comme un symbole de fécondité était arraché avec ses racines dans le jardin des parents de la mariée et transporté jusqu'à la maison des nouveaux époux. Là, il était replanté dans une corbeille d'osier et hissé dans un endroit élevé.

« *Ces trophées,* écrit George Sand, *restent là jusqu'à ce que le vent et la pluie détruisent les*

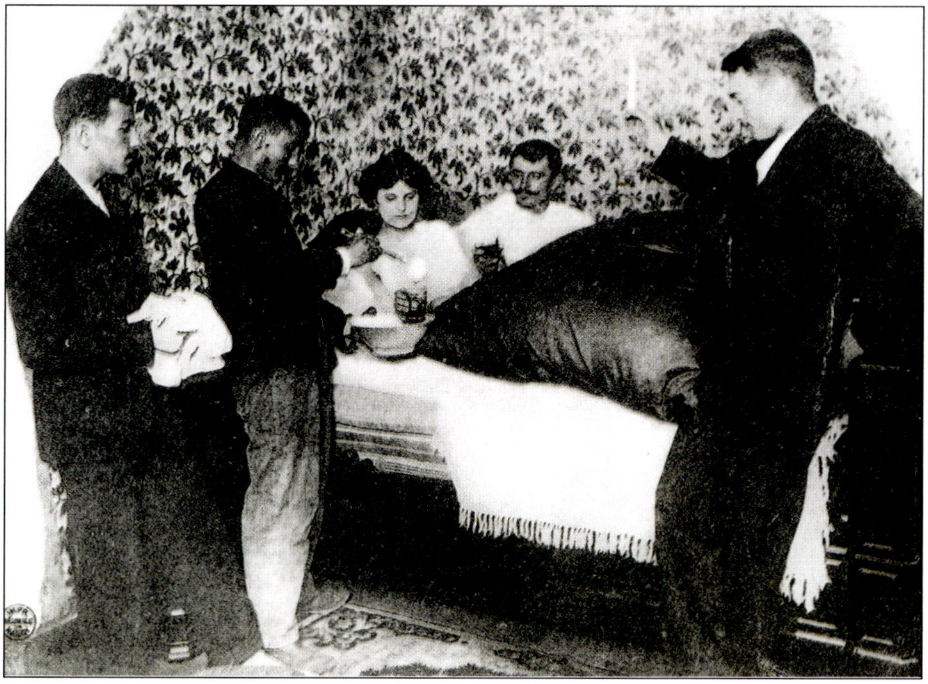

Dans une écuelle ou dans un pot de chambre en faïence, on sert aux jeunes mariés, la traditionnelle soupe au lait épicée. On n'aura pas oublié de leur rappeler que ce breuvage a le goût des désillusions de l'amour. Chaque région a sa recette, toujours aussi surprenante. Début du XXe siècle.

corbeilles et emportent le chou. Mais ils y vivent assez longtemps pour donner quelque chance à la prédiction que font les anciens et les matrones en le saluant : « beau chou, disent-ils, vit et fleurit, afin que notre jeune mariée ait un beau petit enfant avant la fin de l'année !»

Quand les parents mariaient leur dernier enfant, le lendemain des noces, la mère était tenue de « casser les pots » : les yeux bandés, il s'agissait pour elle de briser, à l'aide d'un bâton, quelques pots en grès suspendus à des ficelles.

« Vous n'irez plus au bal
Madame la mariée,
Vous voilà donc liée
Avec un long fil d'or
Qui ne rompt qu'à la mort...
Avez-vous écouté
Ce que vous dit le prêtre ?
Vous a dit vérité
Et comme il faut bien être
Fidèle à son époux
Et l'aimer comme vous...
Quand on dit son époux,
On dit souvent son maître.
Ils ne sont pas si doux
Comme ils ont promis d'être...
Il faut leur conseiller
De mieux se rappeler...
Recevez ce gâteau
Que nos mains vous présentent.
Il est fait de façon
À vous faire bien comprendre
Qu'il faut, pour se nourrir,
Travailler et souffrir...

Marcel et Maria se sont mariés le 19 avril 1920. Il y avait là « tout le bourg » en dimanche : garçonnets en costume marin, femmes en coiffe tourangelle, hommes dûment cravatés, musiciens en haut de forme, militaire en tenue… Ne nous donnent-ils pas envie de nous mêler à leur histoire et de partager cet heureux moment ?

JOURS DE FÊTE

LES COMICES AGRICOLES

Dans les Pyrénées, on se rend en famille au marché dans la carriole attelée de deux bœufs. Carte postale datant de 1904.

Dans les années 1950, la reine du comice agricole parade sur le char décoré de gerbes de blé.

Le paysan passait la plupart de son temps dans sa ferme mais, cependant, il n'était pas complètement isolé, car il était relié au monde par le passage régulier du laitier, du facteur ou d'un colporteur, comme le marchand de Caïffa, cette sorte d'épicier ambulant qui venait proposer ses produits dans sa curieuse charrette verte à trois roues, tirée parfois par des chiens. À chaque achat, la fermière recevait des timbres-primes qu'elle collait sur un carnet spécial et qui lui donneraient droit, quand leur nombre serait suffisant, à un alléchant cadeau : vaisselle, linge de maison ou ustensile de cuisine.

Les principales sorties des gens de la campagne se limitaient essentiellement aux marchés et aux foires des environs où ils se rendaient de bon matin en carriole.

Sur la place du marché aux volailles, installée à même le sol, la fermière proposait quelques poulets, canards ou lapins enfermés dans des paniers à claire-voie ainsi que des fromages, du beurre ou des œufs. Son homme, pendant ce temps-là, préférait flâner du côté du marché aux bestiaux où il retrouvait maintes connaissances, l'occasion de discuter et de trinquer dans un café autour d'une chopine de vin ou de cidre.

Bourgueil (Indre-et-Loire), le marché aux lapins ; Ussel (Corrèze), le marché hebdomadaire.

Les commères échangent les derniers potins et « jettent » un œil en douce sur le panier de celle d'un autre village. Ces deux cartes postales datent du début du XXe siècle.

A la fête foraine, les plus costauds s'essayent au jeu de la mailloche. A l'aide d'une masse, il faut frapper de toutes ses forces sur le support pour envoyer le palet métallique témoin à une hauteur de 4,5 m.

Certaines foires, les « louées », aux environs de la Saint-Jean, permettaient de recruter domestiques et servantes avant les gros travaux d'été.

À partir de la monarchie de Juillet (1830-1848), afin de stimuler l'agriculture, apparurent les tout premiers comices agricoles, véritables fêtes du monde rural. La manifestation se déroulait généralement sur deux jours, à la fin de l'été, dans les chefs-lieux de canton. Elle commençait le samedi, inaugurée par les « officiels » (sous-préfet, député, conseiller général, maires...) dont les discours dithyrambiques à la gloire de l'agriculture paraissaient trop longs à beaucoup des assistants, pressés d'aller regarder le concours de labours, un moment fort de la manifestation qui voyait les charretiers

Le concert, par la Lyre Sainte-Cécile, et la foire de la Saint-Michel, animent la place de la République à Espéraza (Aude), en 1914.

mesurer leurs compétences sous le regard expert des paysans de la région. Quelle fierté pour l'heureux lauréat ! Sa réputation était faite, il savait que son nom se répéterait de ferme en ferme jusqu'aux limites du canton, et son diplôme encadré trônerait bien en vue, accroché au-dessus de la cheminée. D'autres concours permettaient de récompenser les meilleurs produits et surtout les plus belles bêtes : les vaches laitières les plus généreuses, les percherons les plus robustes, les truies les plus prolifiques, ou encore le meilleur miel ou les poires les plus savoureuses.

Le dimanche était surtout consacré à la fête populaire : en effet, manèges, tirs et loteries côtoyaient les stands des exposants qui proposaient les dernières nouveautés en matière de matériel agricole. Le clou de la journée, attendu avec impatience par la foule des curieux, était le défilé de chars à travers les rues joliment décorées de guirlandes, de fleurs en papier et de branchages. Le char de la reine du comice, accompagnée de ses deux demoiselles d'honneur, très applaudi, fermait le défilé.

Double page suivante, un repas campagnard lors de la fête annuelle à Sallèles d'Aude, vers 1900, sous les platanes.

Spectacle de rue en juin 1906. Les saltimbanques arrivent avec leur roulotte et présentent leurs animaux savants (un singe et un chien) sur la place de la République à Limoux (Aude).

LES FÊTES PROFANES

Au cœur de l'hiver, quand l'ouvrage se fait moins pressant, c'est le moment d'en profiter pour aller danser au bal.

Le bal champêtre de l'assemblée, à Reboursin (Indre), dans les années 1900.

Autrefois, chaque village, à date fixe, avait son « assemblée » annuelle. Tous les gamins s'y rendaient, endimanchés, passant et repassant devant les baraques qui proposaient pipes en sucre, bâtons de guimauve, berlingots, pommes d'amour, pochettes-surprises, cacahuètes grillées, etc. Comment ne pas succomber à la tentation ?

Sollicités de toutes parts par des forains persuasifs, petits et grands ne savaient plus où donner de la tête !

« Sur la place, la fête bat son plein. Quel bruit ! Quelle animation ! Bientôt, l'orgue des chevaux de bois, le tambour d'un cirque en plein vent, mirlitons, cris d'enfants, serinettes, musique à deux sous mêlèrent leur cacophonie au grincement des loteries, aux détonations dans les tirs, à la voix éraillée d'un baladin qui avalait de l'étoupe enflammée. Le vacarme grandissait, la foule augmentait, avançait comme une marée, des milliers de souliers piétinaient la chaussée, s'écrasaient devant les baraques. C'était une cohue de blouses bleues, de chapeaux noirs et de bonnets blancs, une houle d'ombrelles aux tons criards, luxe inutile pour des visages cuits et recuits par le soleil des champs. »

Hugues Lapaire (1869-1967), *Le Fardeau.* Calmann-Lévy, 1905.

Un bal rural improvisé dans la campagne alsacienne au XXe siècle. Les jeunes gens de la région de Saverne se retrouvaient au printemps, le dimanche, dans un verger pour danser sous les pommiers en fleurs. Les musiciens du petit orchestre local sont juchés sur une estrade dressée sur des tonneaux. Illustration par Riou d'une nouvelle d'Erckmann-Chatrian, Histoire d'un homme du peuple, *éditions Hetzel, 1873.*

Les tables des auberges étaient prises d'assaut, et tandis que les hommes buvaient en parlant haut et en gesticulant, les jeunes gens dansaient sur la piste en plein air ou sur le parquet bâché monté la veille, entraînés par une cornemuse, une vielle, un accordéon ou un violon :

« *Maître Chabutin est renommé à cinq lieues à la ronde. C'est le meilleur musicien, celui qui tape du pied avec le plus d'élan pour marquer la mesure, qui joue le plus fort et qui connaît le plus d'airs nouveaux. À côté de son fils qui souffle dans un piston, maître Chabutin, en bras de chemise, frotte l'archet sur la chanterelle miaulante, et il scande, à coups de talon ferré, les airs dégingandés de fox-trot qui furent à la mode l'an dernier, dans les dancings de la capitale.*

Devant lui, des têtes rouges, dans un relent de sueur et de parfum vulgaire, tournent, tournent. Des garçons qui ont quitté leur veston, et il y en a qui rouillent (mâchent) des mégots éteints. Autour, adossées à la toile, sur des bancs étroits, des femmes restent assises. Ce sont les mères qui, sous prétexte de surveiller la vertu de leurs filles, prennent ici un bain de jeunesse. Dieu merci, les flonflons de la musique et les rythmes qui s'amplifient sur le parquet sonore couvrent leurs jacasseries. »

Maurice Mardelle,
roman manuscrit, 1947.

*La course au bœuf à Espéraza (Aude).
Dans les années 1900-1910, il était courant, dans les villages de France, de lâcher des bovidés dans les rues. Ici, deux enfants se sont réfugiés dans un arbre pour échapper à la colère de l'animal.*

À partir de 1880, les républicains au pouvoir décidèrent que le 14 juillet, anniversaire de la prise de la Bastille, deviendrait le jour de la fête nationale. Dès lors, chaque commune de France célébra, avec plus ou moins d'enthousiasme selon la couleur politique de ses élus, cette manifestation patriotique : guirlandes tricolores à travers les rues, drapeaux sur les édifices publics, défilé des pompiers en uniforme, concerts, banquet « républicain »... mais aussi distribution de colis aux indigents et de friandises aux enfants. Ces derniers pouvaient aussi participer aux nombreux jeux organisés à leur intention : jeu des ciseaux, pêche à la ligne, concours de grimaces ; et surtout courses variées, toutes plus originales les unes que les autres.

La « course à la grenouille », par exemple, consistait à emporter dans une brouette une grenouille vivante, libre de ses mouvements, jusqu'à la ligne d'arrivée, une tâche qui, on s'en doute, n'était guère aisée. Pour la « course en sac », c'étaient les concurrents qui devenaient des sortes de batraciens, obligés d'avancer par sauts successifs. Mais que de chutes avant d'arriver au but ! La « course aux œufs » demandait beaucoup de concentration puisqu'il fallait transporter un œuf posé dans une cuiller tenue uniquement avec la bouche, sans l'aide des mains. Toutes ces épreuves se déroulaient sous l'œil d'un arbitre vigilant : le garde champêtre !

À la fin de la journée, la retraite aux flambeaux précédait le feu d'artifice et le bal populaire offerts par la municipalité.

La fête patronale traditionnelle du 15 août à Barre (Tarn), au début du XXe siècle. La Buffetieiro *est une ronde au cours de laquelle on envoie de la farine sur celui qui est devant, au moyen d'un soufflet de cheminée.*

Le théâtre de Guignol s'est installé sur la plage de Berck, 1901.

Clowns et saltimbanques à la fête du 18 août 1910 de Bléré (Indre-et-Loire).

Double page précédente : cavalcade au village de Cennes-Monestiès (Aude).
Toute la population costumée pose pour le photographe, en 1914.

Ci-dessus, à Châtillon-sur-Indre,
(Indre) le 25 septembre 1910.
Honneur au travail *:*
les employés de la cave coopérative ont élevé un arc de triomphe, formé de tonneaux, sous lequel passera le défilé des travailleurs.

Dans beaucoup de campagnes, le 1er mai était l'occasion de réjouissances populaires, comme ci-contre, à Salles d'Aude, au tout début du XXe siècle.

LES FÊTES RELIGIEUSES

Le pèlerinage de Saint-Phallier à Chabris (Indre), au début du XXe siècle. La statue située dans la crypte de l'église était invoquée pour remédier aux déficiences viriles et aux maladies de langueur des enfants. Les demandeurs faisaient brûler un cierge au saint et en rapportaient les restes chez eux qu'ils plaçaient à la tête du lit.

Tandis que les républicains fêtaient bruyamment Marianne, d'autres préféraient célébrer Marie, en particulier le 15 août, fête de l'Assomption, commémoration de la montée de la Vierge au ciel. Ce jour-là, des pèlerinages avaient lieu un peu partout en France et plus particulièrement dans la très catholique Bretagne.

La mère de Jésus n'était pas la seule sainte à être vénérée dans cette province de l'ouest. Le plus grand « pardon » ayant lieu à la fin de juillet à Sainte-Anne-d'Auray en l'honneur de sainte Anne, la mère de Marie.

À l'origine de ce rassemblement de fidèles venus de fort loin, les apparitions de sainte Anne à Yvan Nicolazic, un paysan breton, à partir de l'été 1623 ; la plus importante étant celle de la nuit du 25 au 26 juillet 1624. Nuit au cours de laquelle la sainte demanda à Yvan de construire une chapelle, ajoutant : « Dieu veut que je sois honorée ici ! ».

Cette chapelle, dont la première pierre fut posée le 26 juillet 1625, s'avéra bientôt trop petite et c'est pourquoi, au XIXe siècle, il fut décidé de construire une vaste basilique (achevée en 1972).

Pour ces grands rassemblements, les paysans bretons revêtaient leurs plus beaux atours et les femmes sortaient de l'armoire leurs coiffes les plus précieuses.

Dans les Alpes, au début du XXe siècle, un prêtre bénit une famille de bergers au pied de la montagne : c'est la bénédiction des pâtres. Carte postale datée de 1904.

La petite troménie est indissociable de Locronan (Finistère). Elle a lieu tous les ans, le deuxième dimanche de juillet. Ici, la troménie de 2002.

Cavalcade dans le village de Cennes-Monestiès, (Aude) en mai 1914. Juchées sur un char tiré par un attelage de bœufs, la reine et ses dauphines ont revêtu des costumes alsaciens et lorrains, allusion évidente aux provinces perdues en 1870 et qu'il faudra tenter de récupérer un jour prochain...

DERNIERS

INSTANTS

UNE MORT APPRIVOISÉE

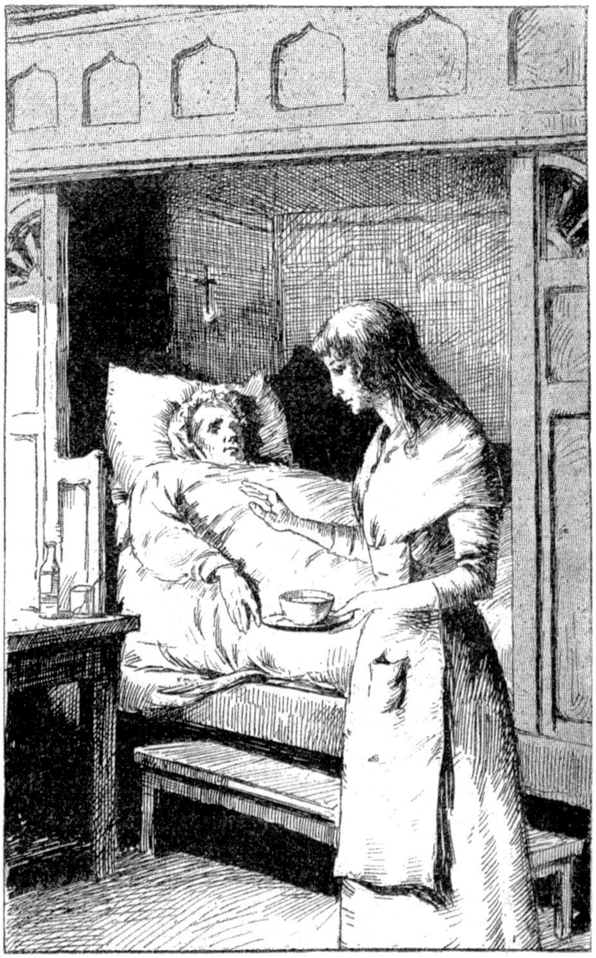

La fin d'une vie, *gravure anonyme de 1894.*

Le paysan d'autrefois ne terminait pas sa vie entre les murs anonymes et glacés d'une maison de retraite. Il finissait ses jours sous son propre toit, au milieu des siens, dans un décor rassurant et familier, dans le lit même qui, parfois, l'avait vu naître.

Une mort à l'ancienne, appréhendée avec lucidité, et sereinement acceptée. Un événement considéré comme naturel pour un homme habitué à vivre près de la nature, au rythme immuable des saisons.

« *La mort, le paysan la voit venir sans grand émoi et d'un œil plus calme que la vieillesse. Jeunes ou vieux, femmes ou garçons accueillent la faucheuse avec la résignation stoïque des animaux* » écrivait l'académicien André Theuriet en 1888.

Conscient d'avoir « fait son temps », il rejoignait cette terre qui lui était familière et qu'il avait si souvent retournée, si souvent ensemencée, avec le sentiment du devoir accompli, la satisfaction d'avoir bien rempli sa tâche ici-bas, simple maillon d'une chaîne qui, de génération en génération, se passait le relais.

Après avoir mis ses affaires en ordre, il partait donc sans crainte excessive, d'autant que tout un cérémonial, imposé par les us et

Jules-Charles Boquet (1840-1932), **Deuil**. *Don de l'artiste, 1903. Huile sur toile.*
Musée des Beaux-Arts, Rouen (Seine-Maritime). Inv. 1903.3.

coutumes, accompagnait ses derniers instants dans ce monde. Ce rituel commençait par l'arrivée du curé venu administrer les derniers sacrements, cette extrême-onction qui assurait un meilleur accueil dans l'au-delà, à l'âme de celui qui partait.

Prévenu en hâte par un membre de la famille ou par une voisine, le curé accourait au chevet du mourant, suivi du sacristain ou d'un enfant de chœur agitant une clochette tout au long du chemin. Sur leur passage, les hommes se découvraient et les femmes s'agenouillaient et se signaient. Car, dans une société fortement imprégnée de christianisme, l'Église accompagnait les fidèles de leur naissance jusqu'à leur dernier souffle.

Si l'arrivée de l'homme en noir pouvait quelque peu effrayer le moribond, elle rassurait son entourage, certain que celui qui les quittait se présenterait devant Dieu dans de meilleures conditions.

Dans le catéchisme de saint Pie X (1905), tous les bienfaits produits par le sacrement de l'extrême-onction sont récapitulés :

« *1- Il augmente la grâce sanctifiante ;*

2- il efface les péchés véniels, et même les péchés mortels, que le malade repentant ne pourrait plus confesser ;

3- il enlève cette faiblesse et cette langueur pour le bien qui restent même après avoir obtenu le pardon des péchés ;

4- il donne la force de supporter le mal avec patience, de résister aux tentations et de mourir saintement ;

5- il aide à recouvrer la santé du corps, si c'est utile au salut de l'âme. »

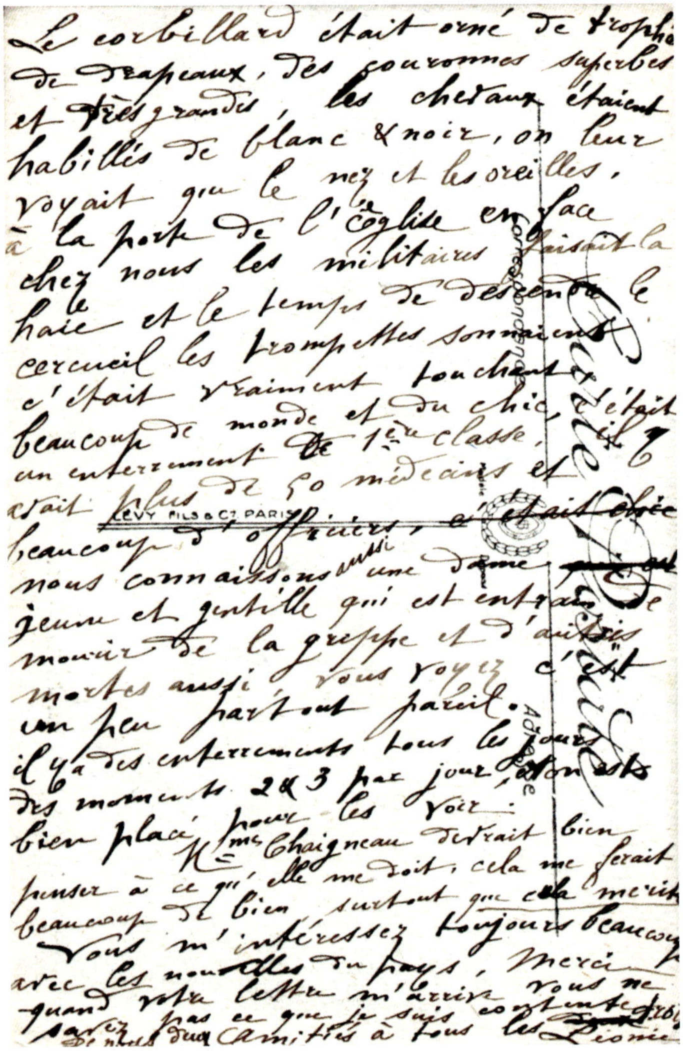
Le corbillard était orné de trophée
de drapeaux, des couronnes superbes
et très grandes, les chevaux étaient
habillés de blanc & noir, on leur
voyait que le nez et les oreilles.
à la porte de l'église en face
chez nous les militaires faisait la
haie et le temps de descendre le
cercueil les trompettes sonnaient
c'était vraiment touchant
beaucoup de monde et du chic, c'était
un enterrement de 1ère classe, il y
avait plus de 50 médecins et
beaucoup d'officiers,
nous connaissons aussi une dame
jeune et gentille qui est entrain de
mourir de la grippe et d'autres
mortes aussi vous voyez c'est
un peu partout pareil.
il y a des enterrements tous les jours
des moments 2 & 3 par jour,
bien placé pour les voir :
Mme Chaigneau devrait bien
penser à ce qu'elle me doit, cela me ferait
beaucoup de bien surtout que cela mérite
Vous m'intéressez toujours beaucoup
avec les nouvelles du pays, merci
quand votre lettre m'arrive vous ne
savez pas ce que je suis contente
amitiés à tous les
LEVY FILS & Cie PARIS

Récit de l'enterrement d'une victime de l'épidémie de grippe espagnole qui dévasta le pays, au lendemain de la Grande guerre.

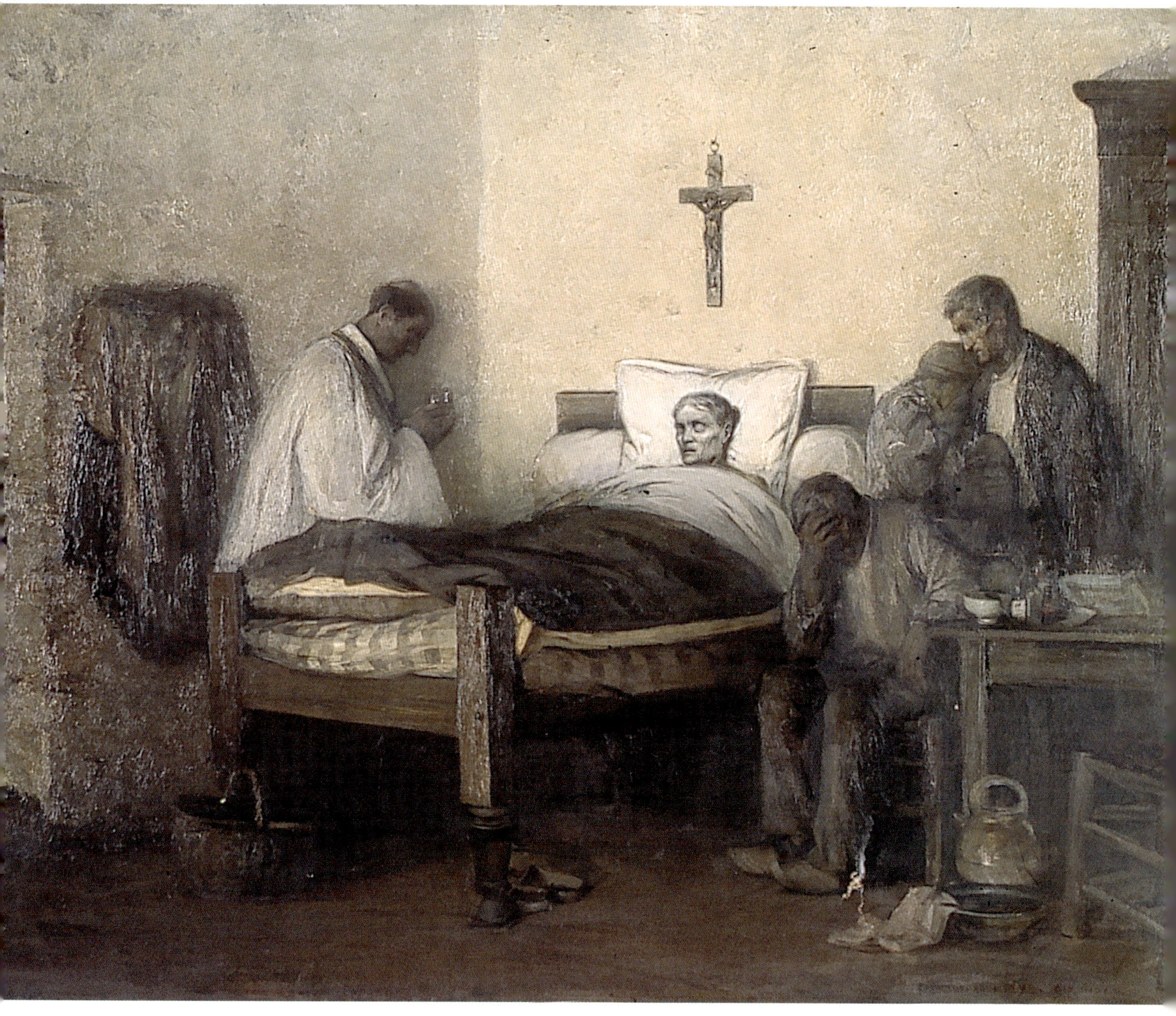

Marcel Beronneau (1869-1937), Heure dernière, *1898.*
Huile sur toile. Musée des Beaux-Arts, Bordeaux (Gironde).

Tout en récitant les prières prévues dans ces circonstances, le curé traçait avec l'huile sainte le signe de la croix sur le front du mourant. Quand ce dernier était encore conscient, il lui donnait aussi la communion afin qu'il parte pour le grand voyage muni de ce précieux viatique.

UN RITUEL APAISANT

Un enterrement à la fin du XIXe *siècle, en Beauce.*
Illustration (anonyme) de La Terre, *roman d'Emile Zola, édition Fasquelle 1906.*

Dès que le mourant avait rendu le dernier soupir, on lui fermait les yeux et on lui passait une bande de tissu, une mentonnière, autour de la tête afin qu'il garde la bouche fermée. Si c'était un homme, on le rasait, on le revêtait de ses habits du dimanche et on l'installait sur un drap propre. Un chapelet était glissé dans ses mains croisées sur la poitrine. On avait pris soin au préalable de retirer son alliance qu'on avait rangée dans un tiroir de l'armoire ou de la commode.

L'annonce du décès interrompait brusquement toute activité sur le domaine. Le travail s'arrêtait, les chevaux ou les bœufs étaient dételés ; un crêpe noir était accroché au-dessus des portes des granges et des écuries ainsi que sur les ruches. Dans certaines régions, les bêtes, ramenées du pré, étaient enfermées dans les étables.

Tous les volets de la maison étaient fermés et toutes les pendules arrêtées, comme si le temps avait soudain suspendu son vol.

On s'empressait de couvrir d'un linge les seaux d'eau, de peur, croyait-on, que l'âme du défunt ne s'y noie. La coutume voulait également qu'on masque, à l'aide d'un tissu, tous les miroirs.

Dessin de Marchetti pour une nouvelle de Joseph Lhôpital, paru dans L'Illustration *du 12 septembre 1896. Dans les campagnes, c'est dans le même lit que le paysan voit le jour et rend son dernier soupir.*

Ces pratiques, observées dans la plus grande partie du pays, avec quelques variantes selon les provinces, ont été évoquées par Frédéric Mistral, à propos du décès de son père en 1855 :

« *Près du lit, on alluma un cierge pâle. On ferma à demi les volets de la chambre. On manda aux laboureurs de dételer tout de suite. La servante, à la cuisine, renversa sur la gueule les chaudrons de l'étagère. Autour des cendres du foyer qu'on éteignit, avec toute la maisonnée, silencieusement, nous nous assîmes en cercle. Ma mère était au coin de la grande cheminée et, selon la coutume des veuves de Provence, elle avait, en signe de deuil, mis sur la tête un fichu blanc.* »

On balayait au plus vite les sols car on s'attendait à recevoir maintes visites, à commencer par celle du menuisier qui venait prendre les mesures du mort pour la fabrication du cercueil, en bois blanc le plus souvent. Il fallait aussi fixer avec le curé la date des obsèques, prévenir le fossoyeur, avertir le conducteur du corbillard... et demander à la « prieuse » de passer de maison en maison pour annoncer la triste nouvelle et « prier » les gens de bien vouloir assister à l'enterrement. Dans l'accomplissement de sa mission, cette messagère funeste (c'était aussi parfois un homme, le facteur par exemple) savait prendre l'air et le ton qui convenaient. Les plus consciencieuses donnaient en outre

Pour la veillée mortuaire, la défunte est parée de ses plus beaux atours (début du XXe siècle).

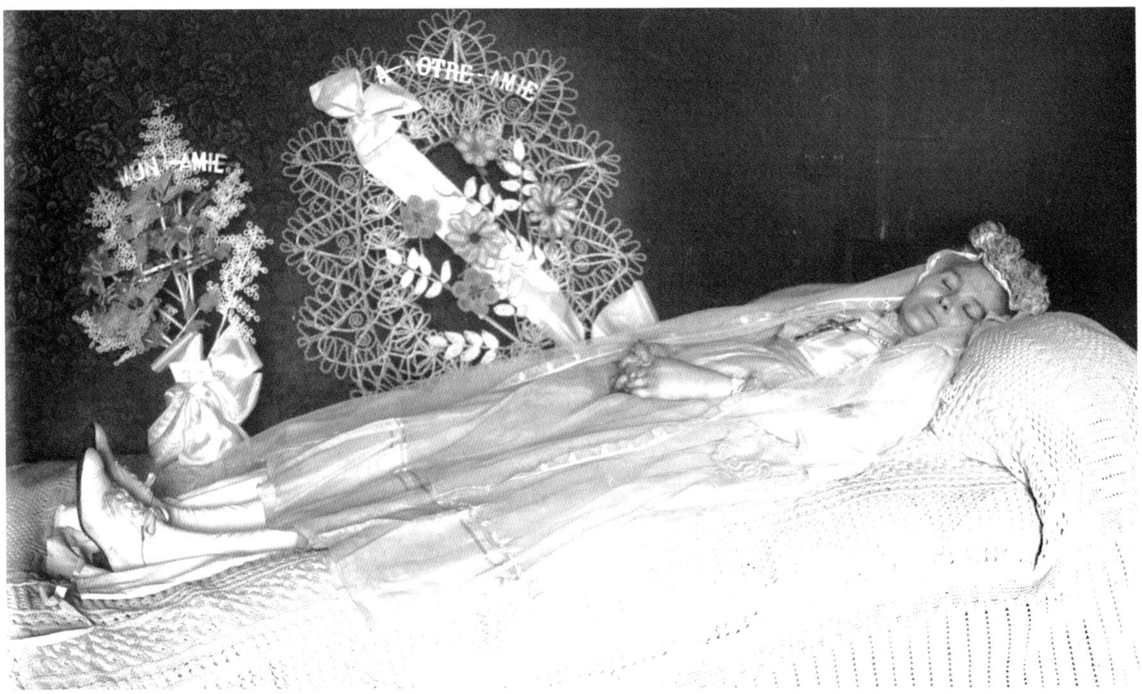

quelques détails sur les derniers moments du disparu, sur le chagrin de ses proches ou sur les querelles déjà prévisibles entre les héritiers...

Les habitants du bourg étaient d'ailleurs déjà prévenus qu'un décès avait eu lieu dans la paroisse car ils avaient entendu sonner le glas, ce lugubre signal qui répandait brusquement sur le village une lourde atmosphère. Dès les premiers tintements de la cloche, chacun arrêtait sa besogne et se taisait, tendant l'oreille pour deviner s'il s'agissait d'un homme ou d'une femme, car les sonneries variaient d'un sexe à l'autre et d'une région à une autre. Dans le Limousin, par exemple, on comptait neuf coups pour un homme et sept pour une femme, alors qu'en Corse c'était seulement trois coups pour un défunt et deux coups pour une défunte ; des coups sourds, séparés de longs silences, avant que plusieurs cloches ne se mettent en branle.

Sitôt la nouvelle connue, les voisins et les connaissances plus ou moins proches du décédé se succédaient pour lui rendre une dernière visite. Les uns après les autres, ils entraient silencieusement dans la chambre mortuaire éclairée uniquement par une ou deux bougies placées à côté du lit. Ils restaient quelques instants, l'air embarrassé, devant la dépouille du défunt, la fixaient intensément, comme pour ancrer dans leur mémoire les traits de ce visage familier qu'ils voyaient pour la dernière fois. Avant de sortir, ils saisissaient la branche de buis ramenée de l'église le jour des Rameaux et qui trempait dans la soucoupe d'eau bénite posée sur la table de chevet. Avec ce goupillon improvisé, ils aspergeaient le corps en dessinant un semblant de signe de croix.

La nuit, le défunt ne devait pas rester seul ; les parents les plus proches se relayaient au cours de cette veillée funèbre. Les femmes murmuraient de temps en temps quelques prières en égrenant leur chapelet ; les hommes parlaient entre eux à voix basse du « cher disparu » qui, miraculeusement, se trouvait subitement paré d'une foule de qualités. Entre deux soupirs, pour garder le moral, on allait dans la cuisine manger un morceau de fromage et boire un verre de vin ou une bolée de cidre. Et aussi une tasse de café bien corsé pour chasser le sommeil.

St-Pierre-Moustier-Ventadour · Diocèse de Tulle

+

Quittance pour l'enterrement et les services de 3e classe, de Antoinette Chassagne, décédée à la Valade.

Je soussigné, curé de Moustier-Ventadour certifie avoir reçu de Léonard Roufflanges, la somme de trente-cinq francs, pour l'enterrement et les services de sa mère, Antoinette Chassagne, épouse Roufflanges

Le 6 octobre 1906 [illegible]

Fait en Moustier-Ventadour le cinq Octobre 1906

[illegible] curé

La plupart des paysans devaient se contenter d'un enterrement de troisième classe.
Ci-dessus, la quittance à régler au curé de Moustier-Ventadour (Corrèze) pour la sépulture d'Antoinette Chassagne, décédée en 1906.

EN ROUTE POUR L'ÉTERNITÉ

Souvenez-vous dans vos prières
de
Mademoiselle Camille BAZANT
rappelée à Dieu le 10 Décembre 1966
à l'âge de 79 ans

Elle était aimée parce qu'elle savait s'oublier.

Quand on dirait d'elle plus de bien encore, on n'en dirait jamais assez.

Page ci-contre, funérailles au village, gravure anonyme, 1890.

Le jour des obsèques, le menuisier apportait le cercueil et procédait à la mise en bière. Dans le Limousin, avant de refermer le cercueil d'un homme, on posait son chapeau sur ses pieds afin, disait-on, qu'il puisse « saluer saint Pierre ».

Quand l'église n'était pas loin, le corps pouvait être porté par des bras amis. Mais, dans la plupart des cas, il fallait utiliser le corbillard municipal. Cette grande charrette à quatre roues, peinte en noir, décorée de croix argentées, était couverte d'une sorte de dais supporté par des colonnes et entouré d'une bande de tissu festonnée.

Quatre porteurs choisis parmi les relations de la famille hissaient la bière sur la plate-forme du sinistre char, les pieds du mort toujours tournés vers l'avant. Les couronnes en perles, destinées à orner la tombe, étaient suspendues sur les côtés.

Puis les plus proches parents prenaient dans leur main une des cordes torsadées qui pendaient des quatre coins du corbillard : à eux revenait l'honneur de « tenir les cordons du poêle ».

Après s'être assuré que tout était en place et avoir donné une tape amicale sur la croupe de son cheval, le conducteur du corbillard grimpait sur son siège : un léger coup de fouet, un ordre bref, et le convoi s'ébranlait, suivi par la famille en habit de deuil. Pour la circonstance, on avait porté en toute hâte les vêtements au teinturier de la ville la plus proche pour qu'il les teigne en noir. Le visage des femmes disparaissait sous un grand voile de crêpe qui leur descendait jusqu'aux genoux. Les hommes arboraient un brassard noir et une cravate assortie.

En Bretagne, du côté de Quimper, on prétendait que, plus les roues du corbillard grinçaient, plus l'âme du défunt devrait attendre longtemps au purgatoire avant de gagner le paradis.

À l'entrée du bourg, le curé attendait, accompagné de ses enfants de chœur portant soutane et calotte noires et qui, pour cette occasion, avaient eu l'autorisation de quitter l'école. Quelques prières et le cortège gagnait l'église : sur son passage portes et fenêtres restaient closes et les rares passants se signaient et se découvraient.

Le cercueil était posé à l'entrée du chœur sur un catafalque et recouvert du drap mortuaire. Tout autour, de grands chandeliers portaient des cierges allumés. L'assistance était nombreuse : les hommes à droite, du côté de l'Épître ; les femmes à gauche, du côté de l'Évangile.

À cette époque, dans les villages, chaque famille se faisait presque un devoir d'être représentée à l'enterrement d'un habitant de la commune. La boulangère fermait sa boutique, le charron délaissait sa forge, le laboureur quittait sa charrue et mettait un veston propre.

À la fin de la cérémonie, le curé faisait le tour du catafalque en agitant l'encensoir d'où se dégageait une odeur âcre qui faisait tousser les premiers rangs. À la sortie de l'église, une partie des hommes, qui avait préféré attendre la fin de l'office au café d'en face, se tenait devant le porche, chapeau, béret ou casquette à la main. Tout le monde accompagnait le défunt à sa dernière demeure.

Jadis les cimetières jouxtaient les églises et les morts restaient ainsi au milieu des vivants ; après la loi de 1884 qui, pour des raisons d'hygiène, avait interdit que ces cimetières soient situés au centre des bourgs, ils furent installés à bonne distance des dernières habitations.

Un long cortège silencieux suivait le corbillard au pas mesuré d'un cheval habitué à cette tâche et qui semblait conscient de la solennité du moment. En tête, le curé et ses jeunes acolytes portant la croix de procession et l'eau bénite, puis la famille proche suivie des parents plus éloignés et des voisins, et enfin les simples habitants de la commune.

Enterrement dans un village des Vosges. Illustration de Riou, 1873.

Au cimetière, la bière était déposée devant la tombe fraîchement creusée. Une ultime bénédiction du prêtre et tous les assistants défilaient, l'un derrière l'autre, pour asperger le cercueil d'eau bénite et dire un dernier adieu à celui qui les quittait, avant d'aller présenter leurs condoléances aux membres de la famille alignés selon le degré de parenté : une poignée de main, une embrassade, quelques mots maladroits ou un simple hochement de tête... chacun exprimait à sa façon sa compassion.

Quand tout le monde était parti, la famille revenait à la tombe où le fossoyeur, aidé des porteurs, s'apprêtait à descendre le cercueil à l'aide de cordes, dans un trou qu'il allait reboucher avec la terre qu'il avait conservée à proximité, les caveaux étant réservés à quelques notables. Les paysans, eux, étaient ensevelis à même cette terre qu'ils avaient cultivée leur vie durant, cette terre avec laquelle ils allaient peu à peu se confondre.

Après cette longue et éprouvante cérémonie, la famille se réunissait au domicile du défunt pour un repas préparé par une voisine compatissante. On ne pouvait pas laisser repartir à jeun des parents venus parfois de fort loin. En Corse, le menu traditionnel se composait d'un bouillon, d'un ragoût de veau avec des carottes ou des haricots blancs, d'un morceau de fromage de chèvre, et se terminait par un café et un verre d'eau-de-vie.

« *Ce repas funèbre commence gravement et silencieusement, mais à mesure que les plats se succèdent et que les bouteilles se vident, les conversations à haute voix deviennent plus animées. Au dessert, le plus ancien des convives se lève et entonne le* de profundis *à la mémoire de celui qui est parti. Il n'est pas rare que ce repas dégénère en beuveries et en ripailles peu dignes de la circonstance et fort désagréables pour les parents vraiment affligés.* »

André Theuriet, 1888.

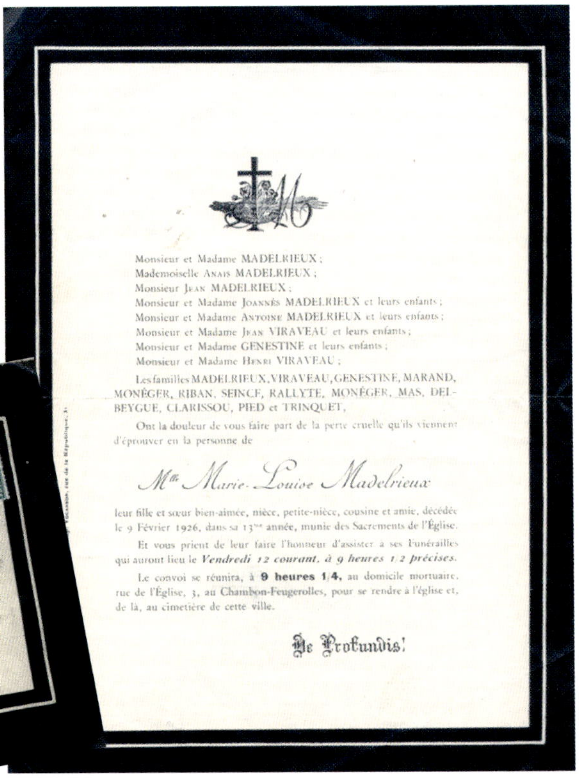
Monsieur et Madame MADELRIEUX ;
Mademoiselle ANAIS MADELRIEUX ;
Monsieur JEAN MADELRIEUX ;
Monsieur et Madame JOANNÈS MADELRIEUX et leurs enfants ;
Monsieur et Madame ANTOINE MADELRIEUX et leurs enfants ;
Monsieur et Madame JEAN VIRAVEAU et leurs enfants ;
Monsieur et Madame GENESTINE et leurs enfants ;
Monsieur et Madame HENRI VIRAVEAU ;

Les familles MADELRIEUX, VIRAVEAU, GENESTINE, MARAND, MONÉGER, RIBAN, SEINCE, RALLYTE, MONÉGER, MAS, DELBEYGUE, CLARISSOU, PIED et TRINQUET,

Ont la douleur de vous faire part de la perte cruelle qu'ils viennent d'éprouver en la personne de

Mlle Marie-Louise Madelrieux

leur fille et sœur bien-aimée, nièce, petite-nièce, cousine et amie, décédée le 9 Février 1926, dans sa 13me année, munie des Sacrements de l'Église.

Et vous prient de leur faire l'honneur d'assister à ses Funérailles qui auront lieu le ***Vendredi 12 courant, à 9 heures 1/2 précises.***

Le convoi se réunira, à **9 heures 1/4,** au domicile mortuaire, rue de l'Église, 3, au Chambon-Feugerolles, pour se rendre à l'église et, de là, au cimetière de cette ville.

De Profundis!

Hippolyte Berteaux (1843-1928), Dernier retour. *Reproduction du tableau en carte postale.*

André Mériel-Bussy (1902-1984), Enterrement d'enfant à Sene *(Morhihan), 1923. Reproduction du tableau en carte postale.*

LE DEUIL, POUR NE PAS OUBLIER

Mères et filles endeuillées : les mamans portent la coiffe tourangelle et les fillettes, un ruban dans les cheveux. Pendant les six premiers mois, époque dite du « grand deuil », la veuve ne portait que des vêtements noirs. Ensuite, le « demi-deuil » lui permettait d'oser le gris ou le violet.

Après les funérailles, commençait une assez longue période de deuil pendant laquelle la proche famille du défunt devait s'abstenir d'assister aux fêtes, bals, mariages ou à toutes autres réjouissances.

La femme portait le deuil de son mari plus ou moins longtemps selon les régions, le plus souvent un an et six semaines (et de façon définitive en Corse).

Pour le veuf, reconnaissable à son brassard ou au ruban noir qu'il accrochait au revers de son veston, le deuil était plus court, se réduisant généralement à un an.

De temps en temps, les familles faisaient dire une messe pour le repos de l'âme de leurs disparus et, régulièrement, se rendaient au cimetière, en particulier le deux novembre, le jour des Morts, et pour les Rameaux où ils venaient planter un brin de buis béni sur les tombes.

Ainsi se terminait la vie de chaque paysan, une vie dont on aurait pu dire, avec George Sand dans *La Mare au diable*, que : *« ce fut une histoire aussi simple, aussi droite et aussi peu ornée que le sillon qu'il traçait avec sa charrue. L'année prochaine, ce sillon sera comblé et couvert par un sillon nouveau. Ainsi s'imprime et disparaît la trace de la plupart des hommes dans le champ de l'humanité. Un peu de terre l'efface, et les sillons que nous avons creusés se succèdent les uns aux autres comme les tombes dans le cimetière. »*

Emile Renouf (1845-194), La Veuve de l'île de Sein, *1880.*
Huile sur toile. Musée des Beaux-Arts, Quimper (Finistère).

QUELQUES MUSÉES EN FRANCE

Musée Traditions et Vie
24, impasse des Remparts
01400 CHÂTILLON-SUR-CHALARONNE

Musée de la Vie rurale et forestière
34, boulevard Savart
02830 SAINT-MICHEL

Musée de la Vie rurale 1850-1950
Le Moulin Charve
03130 BERT

Musée des Arts et Traditions populaires
du Moyen Verdon
34, rue Nationale
04120 CASTELLANE

Musée des Arts et Traditions populaires
du terroir Marseillais
5, place des Héros
13013 MARSEILLE

Musée Labenche
26 bis, boulevard Jules-Ferry
19100 BRIVE-LA-GAILLARDE

Le Musée de la Vie bourguignonne
17, rue Sainte-Anne
21000 DIJON

Musée des Arts et Traditions populaires
2, rue Raoul-Grassin
24400 MUSSIDAN

Musée de la Métairie de Roquetaillade
Le Bourg
33210 MAZÈRES

Musée des Art et Traditions populaires
Avenue Le Jouteux
37140 BOURGUEIL

Musée des Arts et Traditions populaires
Rue de l'Abbaye
40200 MIMIZAN

La Ferme de Hyelzas, Jeanine Saumade
Hyelzas
48150 HURES-LA-PARADE

Musée des Art et Traditions populaires
66, Grand Rue
54000 NANCY

Le Cartopole
Conservatoire régional de la Carte postale
Rue d'Auray
56150 BAUD

Musée de la Vie Rurale
27, place du Général-de-Gaulle
59181 STEENWERCK

Musée des Art et Traditions populaires
10 bis, rue Delille
63200 RIOM

Musée Catalan des Arts et Traditions
populaires, La Casa Pairal
Place de Verdun
66000 PERPIGNAN

Musée Alsacien de Strasbourg
23-25, quai Saint-Nicolas
67000 STRASBOURG

Musée départemental d'Arts
et Traditions populaires
70600 Champlitte

Ecomusée Paysalp
628, avenue de Savoie
74250 Viuz-en-Sallaz

Musée de la Vie rurale et de la Coiffe
Place du Prieuré
79800 Souvigné

Musée des Arts et Traditions populaires
Place Saint-Michel
81600 Gaillac

ICONOGRAPHIE DES DOUBLES PAGES

Pages 14-15 : Henri Jamet (1858-1940), Intérieur berrichon, *1908. Huile sur toile. Musée du Berry, Bourges (Cher).*

Pages 60-61 : La sortie de l'école à Villeneuve-des-Corbières (Aude).

Pages 76-77 : Jules Benoît-Levy (1866-vers 1951), Une Communiante dans un Intérieur breton, *1920. Huile sur toile. Musée des Beaux-Arts, Quimper (Morbihan).*

Pages 90-91 : L'Arrivée de la classe. *Dessin paru dans* L'Illustration *du 28 novembre 1896.*

Pages 110-111 : Albert Fourié, (1854-1937), Un Repas de Noces à Yport, *1886. Huile sur toile. Dépôt de l'État, 1889. Musée des Beaux-Arts, Rouen.*

Pages 138-139 : Dans les années 1920, aux environs de Saumur (Maine-et-Loire).

Pages 148-149 : Théophile-Louis Deyrolles (1844-1923), Pardon en Bretagne. *Musée Petiet, Limoux (Aude).*

Pages 172-173 : Gustav-Théodore Wallen (1860-1948), La Maison mortuaire, *vers 1892. Huile sur toile. Musée des Beaux-Arts, Quimper (Morbihan).*

ICONOGRAPHIE

COLLECTIONS

G. Bodier : 16, 67, 101, 158.
B. Briais : 3, 6, 40, 46, 48, 49, 54, 55, 65, 78, 79, 80, 81, 82, 83, 84, 85, 86, 87, 88, 89, 95, 99, 102, 104, 105, 106, 108, 109, 133, 134, 135, 137, 141, 178, 182, 188.
E. Carles : 6, 7, 9, 16, 20, 21, 22, 23, 24, 33, 34-35, 36, 38, 39, 41, 50, 51, 52, 54, 55, 64, 65, 67, 68, 69, 70, 87, 88, 89, 92, 93, 94, 98, 99, 100, 101, 107, 115, 116, 117, 119, 120, 121, 122, 123, 124, 129, 130-131, 132, 133, 138-139, 142, 143, 144, 145, 150, 151, 163.
P. Cartier : 7, 17, 18, 40, 41, 60-61, 62, 66, 75, 90-91, 97, 106, 112, 113, 114, 118, 129, 143, 148-149, 153, 154-155, 156-157, 159, 160-161, 162, 163, 164-165, 166-167, 169, 170-171, 174, 179, 180, 183, 185.
Collection Cartolope de Baud (56) - www.cartolis.org : 43, 187.
Conseil Général de l'Indre (36) : 7, 152, 158, 167, 168.
J. Dubreuil : 12-13, 69, 103, 126, 127, 128, 136, 137, 140, 141, 146-147, 150.
A. Duguet : 7, 79, 83, 96.
La Camosine (Caisse des Monuments et des Sites de la Nièvre), Nevers (58) : 56, 57, 58, 59.
Y. Passe : 10, 152, 163, 175.

CLICHÉS

Couverture : Jean-Paul Paireault
A. Mouchet : 5.
Jean-Paul Paireault : 21, 26, 27, 39, 45, 53, 54, 62, 63, 64, 70, 71, 72, 73, 74, 75, 78, 79, 80, 85, 87, 125, 126, 127, 134, 145, 169.
N. Vérité : 25.
Musée de Soissons (02), cliché Michel Minetto : 47.
Musée de la Vallée, Barcelonette (04) : 39.
Musée Petiet, Limoux (11), cliché P. Cartier : 148-149.
Musée du Berry, Bourges (18), cliché François Lauginie : 14
Musée des Beaux-Arts de Quimper (29) : 76-77, 172-173, 189.
Musée des Beaux-Arts de Bordeaux (33), cliché Lysiane Gauthier : 28, 177.
Musée des Beaux-Arts de Dole (39), cliché Jean-Loup Mathieu (Eurêka) : 11.
Musée Alsacien de Strasbourg (67), photo Musées de la ville de Strasbourg, M. Berthola : 24, 97.
Musée des Arts et de l'Enfance de Fécamp (76), cliché C. Héry : 29, 37, 44, 45.
Musée des Beaux-Arts, musées de la Ville de Rouen (76) : 110-111, 175.
Musée Flaubert et d'Histoire de la Médecine, CHU-Hôpitaux de Rouen (76) : 30, 45 ; cliché Bruno Maurey : 37, 42, 44.